수학 1

|개정교육과정|

IPTV교육방송은 교육전문방송으로서 학교교육을 보완하고 국민 평생교육 담당이라는 사회적 책임과 의무를 다하기 위하여 부단한 노력을 기울여 오고 있습니다.

특히, 교육환경의 변화와 이에 따른 교육현장의 요구를 최대한 수용하여 학교 교육을 보충·심화할 수 있도록 다양한 교재와 프로그램을 새롭게 개발하고 있습니다.

이러한 노력의 일환으로 IPTV교육방송은 고등학교에서 연차적으로 실시되고 있는 개정 교육과정 및 교과도서를 철저히 분석하여, 방송 교재와 프로그램에 충실히 반영함으로써 세분화·전문화된 교재와 방송 프로그램을 개발하고 있습니다.

또한, IPTV교육방송 홈페이지를 통해 언제 어디서나 손쉽게 볼 수 있도록 하여 학교나 가정에서 반복 학습이 가능하도록 하였습니다.

앞으로도, IPTV교육방송은 가정경제의 위기 속에, 날로 심각해지는 국민 사교육비 부담을 덜어주고 공교육의 정상화를 위한 다각적인 노력을 기울이며, 공영방송으로서의 새로운 비전을 제시할 수 있도록 최선을 다하겠습니다.

2014년 1월

c·o·n·t·e·n·t

I.
다항식

다항식의 덧셈과 뺄셈은 괄호가 있으면 괄호를 먼저 푼 후 동류항끼리 모아서 간단히 한다.

다항식의 곱셈은 분배법칙을 이용하여 전개한 후 동류항 끼리 모아서 간단히 한다.

x에 관한 식은 변수가 x이고 변수 이외의 문자는 모두 계수이다.

x에 관해 내림차순으로 식을 정리하면 가장 높은 차수의 항부터 써주면 된다.

세 다항식 A, B, C에 대하여

	덧셈	곱셈
교환법칙	$A+B=B+A$	$AB=BA$
결합법칙	$(A+B)+C=A+(B+C)$	$(AB)C=A(BC)$
분배법칙	$A(B+C)=AB+AC,\ (A+B)C=AC+BC$	

→ | 예 | 세 다항식 $A=x^2-2x+1$, $B=3x^2+5x+y$, $C=x+y^2$ 에 대하여
$$2(A+B)+C=8x^2+7x+y^2+y+1$$

다항식의 나눗셈

각 다항식을 내림차순으로 정리한 후 자연수의 나눗셈과 같은 방법으로 계산하여

몫과 나머지를 구하며, 몫은 곱해져있는 식이고 나머지는 더해져있는 식이다.

예를 들어 $f(x)$를 $(x-1)$로 나누어 몫은 Q이고 나머지가 R이라고 하면

$f(x)=(x-1)Q+R$ 로 표현할 수 있다.

→ 이렇게 직접 나누어서 몫과 나머지를 구할 수도 있지만, 직접 나누지 않고 나머지만을 구할 수도 있는데
  이는 뒤에서 나오는 나머지정리에서 공부하도록 한다.

전개식의 일반항

$(x+1)(x+2)$를 전개하면 x^2+3x+2 이다.

이 때, x^2항의 계수는 1, x항의 계수는 3, x^0항의 계수 즉 상수항은 2 이다.

이렇게 어떤식을 전개했을 때 전개식의 특정항의 계수를 구할 수 있는데 x에 관한 식에서,

특히 계수의 총합은 $x=1$을 대입하면 나온다.

→ | 예 | $f(x)=(x-1)^{100}$ 의 전개식의 계수의 총합은 $f(1)=0$

 **핵심예제 01**

세 다항식 $A = x^2 - 2xy - y^2$, $B = x^2 - 2xy$, $C = 5xy - 2y^2$ 에 대하여 $2A - (B + C)$를 구하면?

① $x^2 - 7xy$

② $2x^2 - 7xy$

③ $x^2 - 5xy + 3y^2$

④ $2x^2 - 5xy - 3y^2$

⑤ $2x^2 - 5xy + 3y^2$

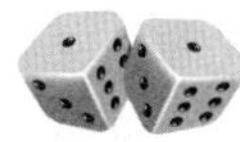

 **핵심예제 02**

$A = 2x^2 + xy - y^2$, $B = x^2 - 2xy + y^2$에 대하여 $(3A + B) - (A + 3B)$를 간단히 하면?

① $2x^2 + 6xy - 4y^2$

② $2x^2 + 7xy + 10y^2$

③ $2x^2 + 5xy - 3y^2$

④ $2x^2 - xy - 3y^2$

⑤ $2x^2 + xy + 3y^2$

핵심예제 03

다음 나눗셈 $(x^3 + x^2 - 2x + 3) \div (x + 2)$을 계산하여 몫 Q와 나머지 R을 구하고 $A = BQ + R$꼴로 나타내면?

① $(x+2)(x^2-x)+3$ 　　② $(x+2)(x^2+x)+3$

③ $(x+2)(x^2-2x)+5$ 　　④ $(x-2)(x^2-2x)+5$

⑤ $(x-2)(x^2-2x)+7$

핵심예제 04

$(x^2 + 2x - 4)^3 (2x - 3)^4$을 전개했을 때, 계수들의 총합은?

① -12　　② -1　　③ 0　　④ 1　　⑤ 12

x에 대한 다항식 $(x-2y)(3x^2-4xy+y^2)$을 전개한 식에서 x^2의 계수는?

① $-10y$ ② $-10y^2$ ③ $9x$ ④ $9xy$ ⑤ $9x^2y$

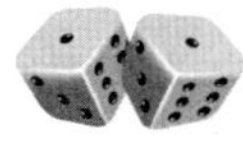

$(1+2x+3x^2+4x^3+5x^4)^2$을 전개한 식에서 x^6의 계수는?

① 24   ② 32   ③ 38   ④ 40   ⑤ 46

꼭 알아야 할 공식

① $(a+b)^2 = a^2 + 2ab + b^2$

② $(a-b)^2 = a^2 - 2ab + b^2$

③ $(a+b)(a-b) = a^2 - b^2$

④ $(x+a)(x+b) = x^2 + (a+b)x + b^2$

⑤ $(a+b)^3 = a^3 + 3ab(a+b) + b^3$

⑥ $(a+b+c)^2 = a^2 + b^2 + c^2 + 2(ab+bc+ca)$

⑦ $(ab+bc+ca)^2 = a^2b^2 + b^2c^2 + c^2a^2 + 2abc(a+b+c)$

⑧ $a^2 + b^2 + c^2 - ab - bc - ca = \dfrac{1}{2}\{(a-b)^2 + (b-c)^2 + (c-a)^2\}$

⑨ $a^3 + b^3 + c^3 - 3abc = (a+b+c)(a^2 + b^2 + c^2 - ab - bc - ca)$

⑩ $a^3 + b^3 = (a+b)(a^2 - ab + b^2)$

⑪ $a^3 - b^3 = (a-b)(a^2 + ab + b^2)$

밑면의 가로, 세로가 a, b 이고 높이가 c 인 직육면체의

① 모서리의 길이의 합 : $4(a+b+c)$

② 겉넓이 : $2(ab+bc+ca)$

③ 대각선의 길이 : $\sqrt{a^2+b^2+c^2}$

실수 a, b, c 에 대하여 실수$^2 \geq 0$이므로

$$a^2 + b^2 + c^2 - ab - bc - ca = \frac{1}{2}\{(a-b)^2 + (b-c)^2 + (c-a)^2\} \geq 0 \text{이다. 이 때,}$$

$$a^2 + b^2 + c^2 - ab - bc - ca = \frac{1}{2}\{(a-b)^2 + (b-c)^2 + (c-a)^2\} = 0 \text{이면 } a = b = c \text{이다.}$$

$a^3 + b^3 + c^3 - 3abc = (a+b+c)(a^2 + b^2 + c^2 - ab - bc - ca)$ 에 대하여

$$a+b+c = 0 \implies a^3 + b^3 + c^3 = 3abc$$

$$a^3 + b^3 + c^3 = 3abc \implies \begin{cases} a+b+c = 0 \\ a = b = c \ (\text{단}, a, b, c \text{ 는 실수}) \end{cases}$$

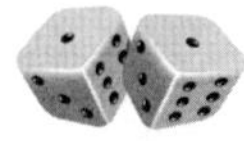 **핵심예제 01**

$x+y=5$, $x^2+y^2=21$일 때, x^3+y^3 의 값을 구하면?

① 93   ② 95   ③ 97   ④ 99   ⑤ 101

핵심예제 02

실수 x, y에 대하여 $x+y=3$, $x^2+xy+y^2=10$일 때, x^3+y^3의 값을 구하면?

① 36   ② 37   ③ 38   ④ 39   ⑤ 40

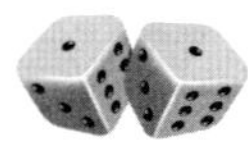 **핵심예제 03**

$a+b=1$, $a^3+b^3=3$일 때, a^2+b^2의 값은?

① $\dfrac{4}{3}$ ② $\dfrac{3}{2}$ ③ $\dfrac{5}{3}$ ④ $\dfrac{7}{3}$ ⑤ $\dfrac{5}{2}$

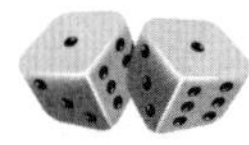 **핵심예제 04**

$a+b+c=1$, $a^2+b^2+c^2=3$일 때, $ab+bc+ca$의 값은?

① -2 ② -1 ③ 0 ④ 1 ⑤ 2

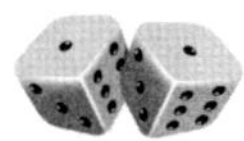 **핵심예제 05**

모서리의 길이의 합이 88이고, 대각선의 길이가 14인 직육면체의 겉넓이는?

① 114　　　　② 196　　　　③ 288　　　　④ 308　　　　⑤ 315

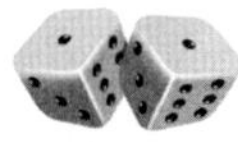 **핵심예제 06**

세 실수 a, b, c 가 $a+b+c=4,\ ab+bc+ca=9,\ abc=3$ 을 만족할 때, $a^2b^2+b^2c^2+c^2a^2$ 의 값은?

① 33　　　　② 44　　　　③ 57　　　　④ 79　　　　⑤ 81

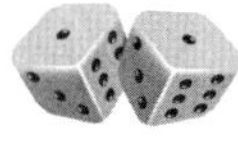 **핵심예제 07**

$a-b=2+\sqrt{3}$, $b-c=2-\sqrt{3}$ 일 때, $a^2+b^2+c^2-ab-bc-ca$의 값을 구하면?

① 13 　　② 15 　　③ 17 　　④ 19 　　⑤ 21

핵심예제 08

$a^2+b^2+c^2=ab+bc+ca$, $abc=2$일 때, ab^2c^3의 값을 구하면?(단, a, b, c는 실수)

① 1 　　② 2 　　③ 3 　　④ 4 　　⑤ 5

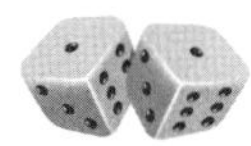 **핵심예제 09**

$a^2 + b^2 + c^2 - ab - bc - ca \leq 0$ 이 성립하기위한 필요충분조건은?(단, a, b, c는 실수)

① $a < 0,\ b < 0,\ c > 0$　　　　　　② $a < 0,\ b < 0,\ c < 0$

③ $a = b = c$　　　　　　　　　　　④ $a = 0,\ b = 0,\ c \neq 0$

⑤ $a = b$ 또는 $b = c$ 또는 $c = a$

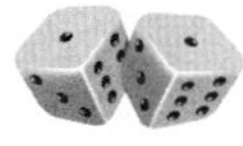 **핵심예제 10**

실수 a, b, c 가 $a^2 + b^2 + c^2 = 6,\ ab + bc + ca = 6$을 만족시킬 때, abc의 값은?

① $\pm 2\sqrt{2}$　　　　② $-2\sqrt{2}$　　　　③ 0　　　　④ $\sqrt{2}$　　　　⑤ $2\sqrt{2}$

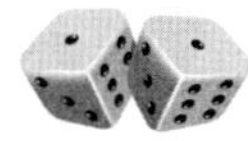 **핵심예제 11**

세 실수 a, b, c 가 $a^2 + b^2 + c^2 = 1$, $a + b + c = \sqrt{3}$ 을 만족할 때, abc의 값은?

① $\dfrac{\sqrt{3}}{8}$　　② $\dfrac{\sqrt{3}}{9}$　　③ $\dfrac{\sqrt{3}}{10}$　　④ $\dfrac{\sqrt{3}}{11}$　　⑤ $\dfrac{\sqrt{3}}{12}$

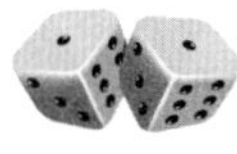 **핵심예제 12**

0이 아닌 세 실수 a, b, c 에 대하여

$a + b + c = -1$, $\dfrac{1}{a} + \dfrac{1}{b} + \dfrac{1}{c} = 1$ 일 때, $(1-a)(1-b)(1-c)$ 의 값은?

① -1　　② 0　　③ 1　　④ 2　　⑤ 3

 iBS 수학 1 (개정교육과정)

곱으로만 연결된 각각을 인수라고 하며,
준 식을 곱으로만 연결된 식으로 바꾸는 것을 인수분해라고 한다.
이의 반대과정을 전개라고 한다.

공통부분으로 묶어주는 것이 가장 일반적인 인수분해 방법이다.

(1) 공통부분이 보일 때,

공통부분을 t로 치환하여 나타낸 식을 인수분해 한다.

t에 원래의 식을 대입하여 정리한다.

(2) 공통부분이 안 보일 때,

공통부분이 생기도록 식을 적당히 변형한 후 [1]과 같이 푼다.

(3) 여러 문자를 포함한 다항식의 인수분해

차수가 가장 낮은 문자에 대하여 내림차순으로 정리하고

인수분해가 되는 항을 인수분해하고

공통부분을 묶어내고 전체 식을 인수분해 한다.

인수정리를 통한 인수분해

준 식이 0이 되게 하는 x값을 알면 준 식의 인수를 찾을 수 있다.

예를 들어 $f(1)=0$이면 $f(x)$는 $(x-1)$을 인수로 갖고 있음을 알 수 있다.

이렇게 그 식이 0이 되게 하는 x값은 보통 상수항의 $\pm$ 약수들 중에 있고

1과 -1은 모든 수의 약수가 되므로 먼저 확인해 보면 좋다.

단, 이와 같이 인수를 다 찾았더라도 최고차항의 계수까지 맞춰주어야

준 식을 완벽히 인수분해 할 수 있다.

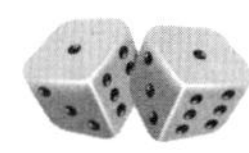

다항식 $(x^2+2x-1)(x^2+2x-2)-2$의 인수가 아닌 것은?

① x 　② $x-1$ 　③ $x+1$ 　④ $x+2$ 　⑤ $x+3$

다음 중 $(x-1)(x+2)(x-3)(x+4)+24$의 인수인 것은?

① $x+1$ 　② $x+2$ 　③ $x-3$ 　④ x^2-x-4 　⑤ x^2+x-8

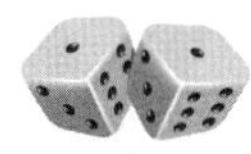

핵심예제 03

다항식 $(x+1)(x+2)(x+3)(x+4)+k$가 완전제곱식이 되도록 하는 상수 k의 값은?

① 1 ② 2 ③ 0 ④ -1 ⑤ -2

핵심예제 04

다항식 x^3-7x+6을 바르게 인수분해 한 것은?

① $(x-1)(x-2)(x+3)$ ② $(x-1)(x+2)(x+3)$

③ $(x+1)(x+2)(x+3)$ ④ $(x+1)(x+2)(x-3)$

⑤ $(x+1)(x-2)(x-3)$

$x^2 - xy - 6y^2 - x + 8y - 2$가 $(x+ay-2)(x+by+1)$로 인수분해 될 때, $a+b$의 값은?

① -5 ② -1 ③ 1 ④ 5 ⑤ 6

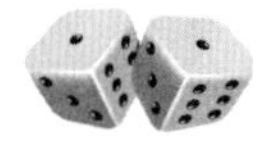

$2x^2 - 5xy + 2y^2 + x + y - 1$을 옳게 인수분해 한 식은?

① $(2x-y-1)(x+2y+1)$
② $(2x-y-1)(x-2y+1)$
③ $(2x-y+1)(x+2y-1)$
④ $(2x-y+1)(x-2y-1)$
⑤ $(2x+y-1)(x-2y+1)$

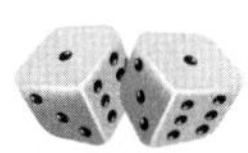 **핵심예제 07**

실수 a, b, c에 대하여 $a+b+c=\sqrt{3}$, $a^2+b^2+c^2=ab+bc+ca$를 만족할 때, $a^3+b^3+c^3$의 값은?

① $\dfrac{\sqrt{3}}{3}$　　　② $\sqrt{3}$　　　③ 3　　　④ $3\sqrt{3}$　　　⑤ 9

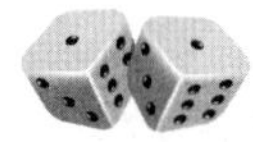 **핵심예제 08**

$a+b+c=0$ 일 때, $\dfrac{a^3+b^3+c^3}{abc}$의 값은?

① 0　　　② 1　　　③ 2　　　④ 3　　　⑤ 4

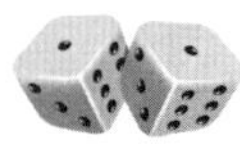 **핵심예제 09**

다음 등식이 성립할 때, a, b, c를 세 변의 길이로 하는 삼각형의 모양은?

$$a^3 + b^3 + c^3 = 3abc$$

① 이등변삼각형   ② 빗변의 길이가 a인 직각삼각형

③ 빗변의 길이가 b인 직각삼각형   ④ 빗변의 길이가 c인 직각삼각형

⑤ 정삼각형

핵심예제 10

$a^4 + a^2b^2 + b^4$을 바르게 인수분해 한 식은?

① $(a^2 + ab - b^2)(a^2 - ab - b^2)$ ② $(a^2 + ab + b^2)(a^2 + ab - b^2)$

③ $(a^2 + ab + b^2)(a^2 - ab + b^2)$ ④ $(a^2 - ab + b^2)(a^2 - ab - b^2)$

⑤ $(a^2 - ab + b^2)(a^2 + ab - b^2)$

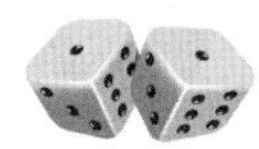

$a^2(b-c)+b^2(c-a)+c^2(a-b)$을 바르게 인수분해 한 식은?

① $(a-b)(b-c)(c-a)$ ② $(a-b)(b-c)(a-c)$

③ $(a-b)(c-b)(a-c)$ ④ $(a+b)(b+c)(c-a)$

⑤ $(a+b)(b+c)(c+a)$

$xy(x-y)+yz(y-z)+zx(z-x)$가 $k(x-y)(y-z)(z-x)$로 인수분해 될 때, 상수 k의 값은?

① -3 ② -1 ③ 1 ④ 3 ⑤ 9

x 값에 관계없이 항상 성립하는 등식을 x에 관한 항등식이라고 한다.
항등식이라는 성질을 이용하여 식의 미정계수를 구할 수 있는데 이를 미정계수법이라 한다.
미정계수법에는 다음과 같은 방법이 있다.

계수비교법

$3x+2 = ax+b$ 가 x에 관한 항등식 이라면 $a=3,\ b=2$ 이고
이렇게 양변의 계수를 비교해서 구할 수 있다.

수치대입법

$a(x-1)+b(x-2) = 3x+2$ 가 x에 관한 항등식 이라면 모든 x에 대하여 성립하므로
x대신 적당한 값을 대입하여 구할 수 있다.
예를 들어 준 식에 $x=1,\ x=2$를 각각 대입하여 $a=8,\ b=-5$를 구할 수 있다.

또, $ak-2k+b+3=0$이 k에 관한 항등식일 때, 준 식을 k에 관해 정리하면
$(a-2)k+(b+3)=0$ 이고 준 식은 k값에 관계없이 항상 성립해야 하므로
$a-2=0,\ b+3=0 \quad \therefore a=2,\ b=-3$

 **memo**

등식 $a(x-1)+b(x+1)=2x-6$ 이 임의의 실수 x 에 대하여 항상 성립할 때, 상수 a, b 에 대하여 $a+2b$ 의 값은?

① -4 ② -2 ③ 0 ④ 1 ⑤ 4

모든 실수 x 에 대하여 등식

$$a(x-1)(x+2)+bx(x-1)+cx(x+2)=x^2-3x-4$$ 가 성립할 때, $a^2+b^2+c^2$ 의 값은?

① 9 ② 12 ③ 14 ④ 19 ⑤ 21

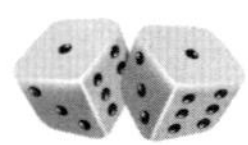 **핵심예제 03**

$(x+1)(x^2-2)\,Q(x)=x^4+px^2+q$ 가 x 에 대한 항등식이다. 이 때, p^2+q^2 의 값은?

① 9　　　② 11　　　③ 13　　　④ 15　　　⑤ 17

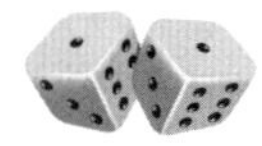

 **핵심예제 04**

등식 $x^3+2x^2-4=a(x-1)^3+b(x-1)^2+c(x-1)+d$ 가 x 에 관한 항등식이 되는
상수 $a,\ b,\ c,\ d$ 에 대하여 $a+b+c-d$ 의 값은?

① 10　　　② 12　　　③ 14　　　④ 16　　　⑤ 18

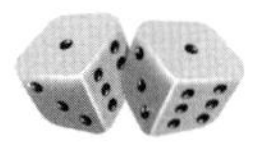 **핵심예제 05**

$(a+b+4)x+ab-1=0$이 x 값에 관계없이 항상 성립할 때, 상수 a, b 에 대하여
a^2+b^2 의 값을 구하면?

① 10   ② 12   ③ 14   ④ 16   ⑤ 18

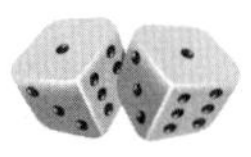 **핵심예제 06**

$x+y=1$ 을 만족하는 모든 실수 x, y 에 대하여
$ax^2+bxy+cy^2=1$ 이 항상 성립할 때, $a+b+c$ 의 값은?(단, a, b, c 는 실수)

① 3   ② 4   ③ 5   ④ 8   ⑤ 9

     ⑤ 10

다항식의 나눗셈에서 몫과 나머지를 구할 수 있는데,
이 때 직접 나누지 않고 나머지만을 구하는 것을 나머지정리라고 한다.

20을 3으로 나누면 몫은 6이고 나머지는 2
$\Rightarrow$ $20 = 3 \times 6 + 2$ (몫은 곱하고 나머지는 더한다.)

위와 같이,
$f(x)$를 $(x-1)$로 나누면 몫이 $Q(x)$이고 나머지는 R이라 할 때,
$\Rightarrow$ $f(x) = (x-1)Q(x) + R$ (몫은 곱하고 나머지는 더한다.)
　이 때 나머지만을 구하면,
$x - 1 = 0$이 되게 하는 x값 1을 양변에 대입한 $f(1) = R$이다.

$f(x)$를 이차식으로 나누면 나머지는 최고 일차식까지,
삼차식으로 나누면 나머지는 최고 이차식까지 나오므로
$f(x)$를 이차식으로 나눌 때 나머지는
$R(x) = ax + b$의 형태로 두고 a, b값을 구해 $R(x)$를 완성하면 된다.

→ | 예 | $f(x) = x^3 + 10x + 1$일 때, $f(x)$를 $x^2 - 1$로 나눈 나머지 $R(x)$를 구하면?

$$f(x) = (x^2 - 1)Q + R(x) = (x-1)(x+1)Q + ax + b$$
$$\Rightarrow f(1) = a + b, \; f(-1) = -a + b$$
$$\Rightarrow f(1) = 12, \; f(-1) = -10$$
$$\therefore a = 11, \; b = 1$$

따라서 구하는 나머지 $R(x) = 11x + 1$

$$f(x) = (x-a)Q(x) + R \qquad \Rightarrow \quad f(a) = R$$
$$f(x) = (x-1)(x-2)Q(x) + R(x) \qquad \Rightarrow \quad R(x) = ax + b$$
$$f(1) = a + b, \; f(2) = 2a + b$$

 **핵심예제 01**

$f(x)$를 $ax-b$로 나눌 때의 몫을 $Q(x)$, 나머지를 R이라 할 때,
$f(x)$를 $x-\dfrac{b}{a}$로 나눈 몫과 나머지는?

① $Q(x),\ R$
② $aQ(x),\ R$
③ $aQ(x),\ aR$
④ $\dfrac{1}{a}Q(x),\ R$
⑤ $-\dfrac{1}{a}Q(x),\ R$

 **핵심예제 02**

두 다항식 $f(x),\ g(x)$에 대하여 $f(x)$를 $x-1$로 나눈 나머지가 3이고, $g(x)$를 $x-1$로 나눈 나머지가 4이다. $3f(x)+2g(x)$를 $x-1$로 나눈 나머지는?

① 15
② 17
③ 19
④ 21
⑤ 23

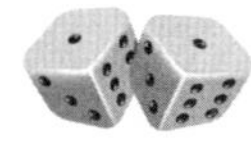

핵심예제 03

$f(x) = x^3 + 2x^2 - 4x + k$ 가 $x - 1$로 나누어떨어질 때, 상수 k의 값은?

① -3　　② -1　　③ 1　　④ 3　　⑤ 4

핵심예제 04

$x^3 + ax^2 + bx - 2$를 $x - 1$로 나누면 떨어지고, $x + 1$로 나누면 2가 남을 때, 이 식을 $x - 2$로 나눌 때의 나머지는?

① 6　　② 9　　③ 11　　④ 14　　⑤ 15

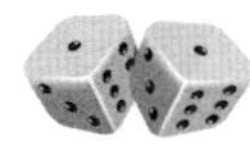

핵심예제 05

다항식 $f(x)$를 $x-2$로 나눈 나머지는 2이고, $x-5$로 나눈 나머지는 8이다.
$f(x)$를 $(x-2)(x-5)$로 나누면 나머지가 $R(x)$라고 할 때, $R(3)$의 값은?

① 0　　　　② 2　　　　③ 4　　　　④ 6　　　　⑤ 8

핵심예제 06

x에 대한 다항식 x^3+ax^2+bx-2가 $(x+2)(x+1)$로 나누어떨어질 때, 상수 a, b의 곱은?

① -2　　　　② -1　　　　③ 1　　　　④ 3　　　　⑤ 4

Ⅱ.
방정식과
부등식

복소수는 실수와 허수로 구분할 수 있는데, 이 때 실수가 아닌 수를 허수라고 하며
복소수 $z = a + bi$ $(a, b$ 는 실수$)$로 나타낸다.
이 때, a : 실수부분, b : 허수부분(실수 : 대소판별이 가능한 수,   실수$^2 \geq 0$)

허수

실수가 아닌 수, i 가 포함된 수, i 가 포함된 식 $(i = \sqrt{-1}\,)$
허수는 제곱하면 다시 허수가 나오거나 음수가 나온다.
이 때 제곱하여 음수가 나오는 허수를 '순허수'라고 하며
순허수의 특징은 실수부분은 0 이고, 허수부분은 $\neq 0$ 이어야 한다.($z^2 < 0 \Rightarrow z$: 순허수)

복소수 $z = a + bi$ $(a, b$ 는 실수$)$에 대하여

$a = 0,\ b \neq 0 \Rightarrow z =$ 순허수

$b = 0 \Rightarrow z =$ 실수

이 때, 허수부분의 부호만을 바꾼 수를 켤레복소수라고 하며 z 의 켤레복수는 $\overline{z}$ 로 표현한다.
◆ 켤레복소수끼리는 합과 곱이 간단하다. $z + \overline{z} = 2a,\ z\overline{z} = a^2 + b^2$

허수단위 i

$i = \sqrt{-1}\ ,\ \ i^2 = -1,\ \ i^3 = -i,\ \ i^4 = 1$
① i 에 붙어있는 지수가 연속적인 4 개 항의 합은 0
② $i^{4n} = 1$ 이므로 i 에 붙어있는 지수는 4 로 나눈 나머지로 바꿀 수 있다.
　→ | 예 | $i^{43} = i^3$
③ 자주 나오는 계산은 미리 외우고 있도록 한다.

$$
\begin{array}{lll}
(1+i)^2 = 2i & (1-i)^2 = -2i & (1-i)(1+i) = 2 \\[2mm]
\dfrac{1+i}{1-i} = i & \dfrac{1-i}{1+i} = -i & \dfrac{1}{i} = -i \\[2mm]
\left(\dfrac{1+i}{\sqrt{2}}\right)^2 = i & \left(\dfrac{1-i}{\sqrt{2}}\right)^2 = -i &
\end{array}
$$

복소수 상등

$a + bi$ $($단, a, b 는 실수$)$에 대하여 $a + bi = 3 + 2i \Rightarrow a = 3, b = 2$

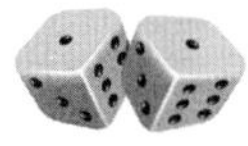

핵심예제 01

$1+i+i^2+\cdots+i^{43}$을 간단히 하면? (단, $i=\sqrt{-1}$)

① $-i$ ② i ③ 0 ④ 1 ⑤ 2

핵심예제 02

$(1+i)^4-(1-i)^4$ 을 간단히 하면? (단, $i=\sqrt{-1}$)

① $-4i$ ② $4i$ ③ 0 ④ 4 ⑤ 5

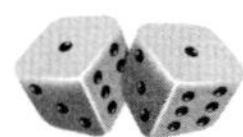 **핵심예제 03**

$z = \dfrac{1+i}{\sqrt{2}}$ 일 때, $z^{100} + \dfrac{1}{z^{100}}$ 의 값은? (단, $i = \sqrt{-1}$)

① $-2i$　　　　② $2i$　　　　③ -2　　　　④ 2　　　　⑤ 3

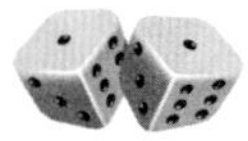 **핵심예제 04**

$\left(\dfrac{1+i}{1-i}\right)^{103}$ 의 값은? (단, $i = \sqrt{-1}$)

① $-i$　　　　② -1　　　　③ 1　　　　④ i　　　　⑤ 2

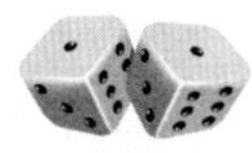

핵심예제 05

실수 a, b 가 $(a-b)+(a+b)i = 6+2i$를 만족할 때, ab 의 값은? (단, $i=\sqrt{-1}$)

① -8 ② -4 ③ 4 ④ 8 ⑤ 10

핵심예제 06

실수 x, y 에 대하여 $(1+i)x+(1-i)y = 4+2i$ 가 성립할 때, xy의 값은? (단, $i=\sqrt{-1}$)

① 1 ② 2 ③ 3 ④ 4 ⑤ 5

핵심예제 07

복소수 z에 대하여 등식 $(2+i)z+3i\,\overline{z}=2+6i$ 가 성립할 때, $z\,\overline{z}$의 값은?
(단, $i=\sqrt{-1}$ 이고, $\overline{z}$ 는 z의 켤레복소수)

① 2 　　　　② 5 　　　　③ 8 　　　　④ 10 　　　　⑤ 13

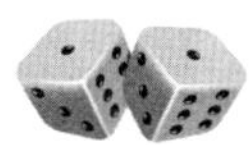
핵심예제 08

등식 $(2-i)z+4i\,\overline{z}=-1+4i$ 를 만족하는 복소수 z에 대하여 z^2의 값은?
(단, $\overline{z}$ 는 z 의 켤레복소수이고, $i=\sqrt{-1}$)

① i 　　　　② $2+i$ 　　　　③ $2-i$ 　　　　④ $3+4i$ 　　　　⑤ $3-4i$

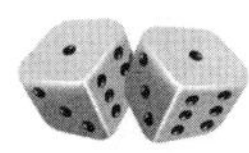

핵심예제 09

실수 a에 대하여 복소수 $a(1+i)-3(1-i)$ 를 제곱한 것이 음의 실수일 때, a 의 값을 구하면?
(단, $i=\sqrt{-1}$)

① -2 ② -1 ③ 0 ④ 3 ⑤ 4

핵심예제 10

0이 아닌 복소수 $z=(i-2)x^2-3xi-4i+32$가 $z+\overline{z}=0$ 을 만족시킬 때, 실수 x 의 값은?
(단, $i=\sqrt{-1}$ 이고, $\overline{z}$ 는 z의 켤레복소수이다.)

① -4 ② -1 ③ 1 ④ 3 ⑤ 4

복소수 $z = 3 + i$의 켤레복소수를 $\bar{z}$라 할 때, $z^2 + (\bar{z})^2$의 값을 구하면? (단, $i = \sqrt{-1}$ 이다)

① 13 　　② 14 　　③ 15 　　④ 16 　　⑤ 17

핵심예제 **12**

$z = 1 + i$일 때, $\dfrac{z-1}{z} + \dfrac{\overline{z-1}}{\bar{z}}$의 값을 구하면?(단, $\bar{z}$는 z의 켤레복소수, $i = \sqrt{-1}$)

① 4 　　② 3 　　③ 2 　　④ 1 　　⑤ 0

방정식은 그 식을 성립하게 하는 특정 값에 대해서만 성립하는 등식을 말하고
이 때, 특정 값이 바로 이 방정식의 근 또는 해가 된다.

판별식 $D = b^2 - 4ac, \ D/4 = b'^2 - ac \left(b' = \dfrac{1}{2}b \right)$

이차방정식의 근이 실근인지 허근인지 판단하여 구별하는 식
판별식이 의미가 있으려면 실수계수 이차방정식이어야 한다.

$$D \geq 0 : \text{두 실근} \begin{cases} D > 0 : \text{서로 다른 두 실근} \\ D = 0 : \text{서로 같은 두 실근 (중근)} \end{cases}$$
$$D < 0 : \text{서로다른 두 허근}$$

근과 계수와의 관계

이차방정식의 두 근을 각각 알지 못하더라도
두 근의 합과 곱을 이차방정식의 계수를 이용하여 구할 수 있다.

$$\text{두 근을 } \alpha, \ \beta \text{ 라고 할 때,}$$
$$\text{두 근의 합 } \alpha + \beta = -\frac{b}{a}, \ \text{두 근의 곱 } \alpha\beta = \frac{c}{a}$$

두 근의 관계가 주어질 때는 두 근을 한 문자에 관해 표현할 수 있다.

예를 들어 한 근이 다른 한 근의 3배라고 하면 두 근은 $\alpha, \ 3\alpha$
두 근의 비가 $3 : 2$ 라고 하면 두 근은 $3\alpha, \ 2\alpha$
두 근의 차가 2 라고 하면 두 근은 $\alpha - 1, \ \alpha + 1$

이차방정식의 작성

$$a\{x^2 - (\text{두 근의 합})x + (\text{두 근의 곱})\} = 0 \ (a \neq 0)$$

실근의 부호

- 두 근의 부호가 같을 때 :
  양수로 같으면 $\alpha + \beta > 0, \ \alpha\beta > 0, \ D \geq 0$
  음수로 같으면 $\alpha + \beta < 0, \ \alpha\beta > 0, \ D \geq 0$
- 두 근의 부호가 다를 때 : $\alpha\beta < 0$ (only)

[두 근의 부호가 다르다]는 조건 외에도 양근과 음근의 관계가 주어지면,
$\alpha\beta < 0$와 함께 $\alpha + \beta$도 따져야 한다.
① 양근 〉음근 : $\alpha + \beta > 0$
② 양근 〈 음근 : $\alpha + \beta < 0$
③ 양근 = 음근 : $\alpha + \beta = 0$

판별식 문제에서 유의사항
① 이차방정식이어야 한다.
② 계수는 실수여야 한다.
   • 계수에 허수가 포함되어 있는 이차방정식이 [실근을 갖는다]라고 하면 판별식은 사용할
     수 없지만, [x가 실수]라는 뜻으로 받아들여서 복소수 상등을 이용하면 된다.

실수계수 이차방정식, 유리계수 이차방정식의 근
① 실계수 이차방정식의 한 근이 $p + qi$이면(p, q는 실수)
   다른 한 근은 허수부의 부호만 바꾼 $p - qi$이다.
② 유리계수 이차방정식의 한 근이 $p + q\sqrt{m}$이면(p, q=유리수, $\sqrt{m}$은 무리수)
   다른 한 근은 $\sqrt{\ }$ 앞의 부호를 바꾼 $p - q\sqrt{m}$이다.

공통근
(1) 2개 이상의 방정식을 동시에 만족시키는 근을 공통근이라 한다.
(2) 미정계수가 있는 두 개의 이차방정식이 주어질 때, 공통근을 구하는 요령
   ① 공통근을 α로 놓는다.
   ② 주어진 방정식들에 x대신 α를 대입한다.(공통근은 두 방정식을 모두 만족)
   ③ 공통근 α를 구한다.
      $(x-1)(x-3) = 0, (x-1)(x-3) = 0$은 두 방정식이 일치하므로 공통근은 1, 3 2개
      따라서 [오직 하나의 공통근을 가져라]는 조건이 있으면
      주어진 두 방정식이 일치하는 경우는 제외시켜야 한다.

x에 대한 이차방정식 $x^2 - 2(k+1)x + k^2 - 1 = 0$이 중근을 갖도록 하는 실수 k의 값은?

① -2 ② -1 ③ 1 ④ 2 ⑤ 0

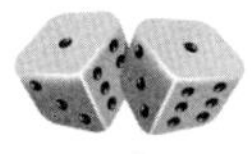

x에 대한 이차방정식 $4x^2 + 2(2k+m)x + k^2 - k + n = 0$이 실수 k값에 관계없이 중근을 가질 때, $m + 4n$의 값은? (단, m, n은 실수)

① -1 ② 0 ③ 1 ④ 2 ⑤ 3

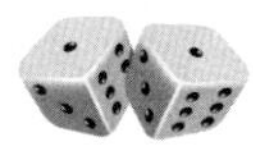 **핵심예제 03**

x에 대한 두 이차방정식 $x^2+2kx+4=0$, $x^2+kx+k=0$이 동시에 실근을 가질 때, 상수 k의 범위는?

① $-2 \leq k \leq 4$ ② $k \leq 2,\ 4 \leq k$

③ $2 \leq k \leq 4$ ④ $k \leq -2,\ 4 \leq k$

⑤ $k \leq 2,\ -4 \leq k$

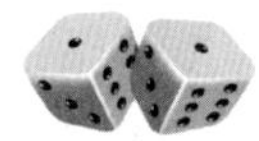 **핵심예제 04**

x에 대한 두 이차방정식 $x^2-5x+k=0$이 허근을 가질 때, 정수 k의 최솟값을 구하면?

① 1 ② 3 ③ 5 ④ 7 ⑤ 9

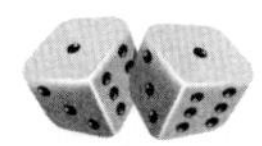

핵심예제 05

x 에 대한 두 이차방정식 $x^2+2kx+4=0$, $x^2+kx+k=0$ 이 동시에 허근을 가지는 실수 k 의 범위는?

① $k \le -2,\ 4 \le k$ ② $0 < k < 2$

③ $k < 0$ ④ $-2 < k < 4$

⑤ $0 < k < 4$

핵심예제 06

x 에 대한 이차방정식 $x^2+3(1+i)x+(p+3i)=0$ 이 실근을 가질 때, 실수 p 의 값은?

① 0 ② 1 ③ 2 ④ 3 ⑤ 4

핵심예제 07

이차방정식 $x^2 - 3x + 1 = 0$ 의 두 근을 α, β 라 할 때, $\dfrac{1}{\alpha^3} + \dfrac{1}{\beta^3}$ 의 값은?

① 4   ② 9   ③ 12   ④ 18   ⑤ 24

핵심예제 08

이차방정식 $x^2 + 2x - 3 = 0$ 의 두 근을 α, β 라 할 때, $\dfrac{\beta}{\alpha+1} + \dfrac{\alpha}{\beta+1}$ 의 값은?

① -7 ② -5 ③ -2 ④ 0 ⑤ 2

 **핵심예제 09**

x 에 관한 이차방정식 $x^2 - kx + k + 7 = 0$의 두 근의 차가 2일 때, k값의 합은?

① -4 ② -2 ③ 2 ④ 4 ⑤ 0

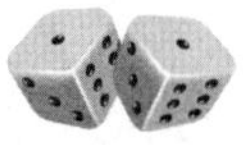 **핵심예제 10**

x 에 관한 이차방정식 $x^2 + (k-1)x - k = 0$의 한 근이 다른 근의 3배일 때, 다음 중 상수 k의 값은?

① $-\dfrac{2}{3}$ ② $-\dfrac{1}{3}$ ③ 1 ④ 3 ⑤ 4

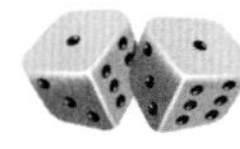

핵심예제 11

실수계수 x에 관한 이차방정식 $2x^2 - ax + b = 0$의 한 근이 $2+3i$일 때, $a+b$의 값은?
(단, $i = \sqrt{-1}$)

① -17 ② -1 ③ 18 ④ 34 ⑤ 36

핵심예제 12

유리수 a, b에 대하여 이차방정식 $x^2 + ax + b = 0$의 한 근이 $1+\sqrt{5}$일 때, a^2+b^2의 값은?

① 12 ② 16 ③ 20 ④ 24 ⑤ 28

 **핵심예제 13**

이차방정식 $x^2 - 2x + 5 = 0$의 두 근을 α, β라 할 때 $\alpha+1$, $\beta+1$을 두 근으로 하는 x의 이차방정식은?

① $x^2 - 3x + 6 = 0$ ② $x^2 - 4x + 8 = 0$

③ $x^2 - 4x - 8 = 0$ ④ $x^2 + 4x - 4 = 0$

⑤ $x^2 + 4x + 4 = 0$

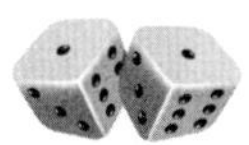

 **핵심예제 14**

$x^2 - x + 1 = 0$의 두 근을 α, β라 할 때, $\alpha + \dfrac{1}{\alpha}$, $\beta + \dfrac{1}{\beta}$을 두 근으로 하는 x의 이차방정식은?

① $x^2 + x + 1 = 0$ ② $x^2 - x + 1 = 0$

③ $x^2 - 2x - 1 = 0$ ④ $x^2 - 2x + 1 = 0$

⑤ $x^2 + 2x - 1 = 0$

 **핵심예제 15**

다음 중 $\sqrt{2+\sqrt{3}}$, $\sqrt{2-\sqrt{3}}$ 을 두 근으로 갖는 이차방정식은?

① $x^2 - x + 1 = 0$

② $x^2 + x - 1 = 0$

③ $x^2 + \sqrt{6}\,x - 1 = 0$

④ $x^2 - \sqrt{6}\,x + 1 = 0$

⑤ $x^2 + \sqrt{6}\,x + 1 = 0$

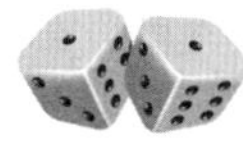

 **핵심예제 16**

이차방정식 $x^2 + 4x + 2 = 0$의 두 근을 α, β라 할 때, $\dfrac{1}{\alpha}$, $\dfrac{1}{\beta}$ 을 두 근으로 하는 이차방정식은?

① $x^2 + 4x - 2 = 0$

② $x^2 - 4x + 2 = 0$

③ $x^2 - 4x - 2 = 0$

④ $2x^2 + 4x + 1 = 0$

⑤ $2x^2 + 4x - 1 = 0$

이차방정식 $x^2 - 5x + 2 = 0$ 의 두 근을 α, β 라 할 때, $-\alpha$, $-\beta$ 를 두 근으로 하는 이차방정식은?

① $x^2 + 5x + 2 = 0$ 　　　　② $x^2 + 5x - 2 = 0$

③ $x^2 - 5x + 2 = 0$ 　　　　④ $2x^2 + 5x + 1 = 0$

⑤ $2x^2 + 5x - 1 = 0$

이차방정식 $x^2 - (k-4)x + 1 = 0$ 의 두 근이 모두 양수일 때, k 값의 범위는?

① $k \le 2$ 　　　　② $k \ge 4$ 　　　　③ $k \ge 6$

④ $2 \le k \le 6$ 　　　　⑤ $4 \le k \le 6$

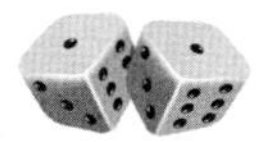 **핵심예제 19**

이차방정식 $x^2 + 2kx - k + 2 = 0$ 의 두 근이 모두 음수가 되는 k 값의 범위는 $\alpha \le k < \beta$ 이다. $\alpha + \beta$ 의 값은?

① 1   ② 2   ③ 3   ④ 4   ⑤ 5

 **핵심예제 20**

이차방정식 $x^2 + 2(k-1)x + 3 - k = 0$ 의 두 근이 서로 다른 부호일 때, k 의 범위는?

① $k \ge -5$ ② $k > 1$ ③ $k > 3$ ④ $k < 1$ ⑤ $k \le -1$

핵심예제 21

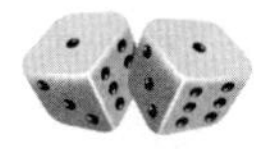

x에 대한 이차방정식 $x^2 + (a^2 - 4a + 3)x - a + 2 = 0$이 서로 다른 부호의 두 실근을 가진다. 음의 근의 절댓값이 양의 근보다 클 때, 실수 a 값의 범위는?

① $a > 3$ ② $a > 2$ ③ $1 < a < 2$

④ $2 < a < 3$ ⑤ $3 < a < 4$

핵심예제 22

두 이차방정식 $\begin{cases} x^2 - (k-3)x + 5k = 0 \\ x^2 + (k+2)x - 5k = 0 \end{cases}$ 이 공통근을 갖기 위한 k의 값의 합은?

① $-\dfrac{1}{2}$ ② $-\dfrac{1}{6}$ ③ $\dfrac{1}{6}$ ④ $\dfrac{1}{2}$ ⑤ 0

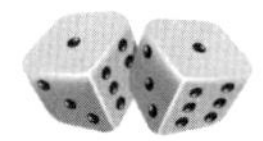 **핵심예제 23**

두 방정식 $x^2 + ax - 4 = 0$과 $x^2 - 4x + a = 0$을 동시에 만족하는 근이 오직 한 개일 때, 실수 a의 값은?

① -4 ② -3 ③ 3 ④ 4 ⑤ 1

이창함수의 그래프와 x축의 위치 관계

이차함수 $y = ax^2 + bx + c$ 의 그래프와 x축의 위치관계는

이차방정식 $ax^2 + bx + c = 0$ 의 판별식 $D = b^2 - 4ac$의 부호에 따라 결정된다.

판별식	$D > 0$	$D = 0$	$D < 0$
위치관계	서로 다른 두 점에서 만난다	한 점에서 만난다(접한다)	만나지 않는다

→ 이차 함수의 x절편의 개수와 이차방정식의 실근의 개념을 잘 이해하길 바란다.

이차함수의 그래프와 직선의 위치 관계

이차함수 $y = ax^2 + bx + c$ 의 그래프와 직선 $y = mx + n$ 의 위치관계는

이차방정식 $ax^2 + bx + c = mx + n$, 즉 $ax^2 + (b - m)x + c - n = 0$의

판별식 $D = b^2 - 4ac$의 부호에 따라 결정된다.

판별식	$D > 0$	$D = 0$	$D < 0$
위치관계	서로 다른 두 점에서 만난다	한 점에서 만난다(접한다)	만나지 않는다

모든 실수 x에 대하여 $y = ax^2 + bx + c$

$y = ax^2 + bx + c > 0$	$a > 0,\ D = b^2 - 4ac < 0$
$y = ax^2 + bx + c \geq 0$	$a > 0,\ D = b^2 - 4ac \leq 0$
$y = ax^2 + bx + c < 0$	$a < 0,\ D = b^2 - 4ac < 0$
$y = ax^2 + bx + c \leq 0$	$a < 0,\ D = b^2 - 4ac \leq 0$

이차함수의 최대 최소

특별한 일이 없으면 이차함수는 꼭짓점에서 최댓값 또는 최솟값을 갖게 된다.

이차함수 $f(x) = ax^2 + bx + c$ 에 대하여

$a > 0$	$f\left(-\dfrac{b}{2a}\right) =$ 최솟값	$a < 0$	$f\left(-\dfrac{b}{2a}\right) =$ 최솟값

꼭짓점의 x좌표 : $-\dfrac{b}{2a}$

제한된 구간에서 이차함수의 최대, 최소

특별한 일이 없으면 이차함수는 꼭짓점에서 최댓값 또는 최솟값을 갖게 되지만,

x값의 범위가 $\alpha \leq x \leq \beta$ 로 제한된 이차함수 의 최대, 최소는

꼭짓점의 x좌표를 먼저 구하고, 문제에서 준 x값의 범위를 찾아서

그래프가 존재하는 구간을 찾아서 이차함수의 최댓값 또는 최솟값을 구해주어야 한다.

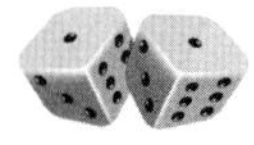 **핵심예제 01**

유리수 a, b에 대하여 곡선 $y = x^2 - a$와 $y = bx$가 두 점 P, Q에서 만난다고 하자.
점 P의 x좌표가 $\sqrt{5} + 1$일 때, $a + b$의 값은?

① 3   ② 4   ③ 5   ④ 6   ⑤ 7

핵심예제 02

포물선 $y = x^2 + 2ax + a$와 직선 $y = 2x + 1$이 서로 다른 두 점에서 만날 때, 자연수 a의 최솟값은?

① 1   ② 2   ③ 3   ④ 4   ⑤ 5

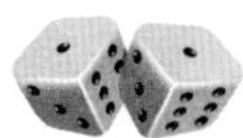

$y = x^2 + ax + 4$ 의 그래프가 x 축과 만나지 않도록 상수 a 값의 범위를 구하면?

① $a > 4$

② $0 < a < 4$

③ $-1 < a < 1$

④ $-4 < a < 4$

⑤ $-4 < a < 1$

이차부등식 $x^2 - (k-4)x + 1 \geq 0$ 이 모든 실수 x 에 대하여 성립할 때, k 의 최댓값은?

① 2   ② 4   ③ 6   ④ 8   ⑤ 10

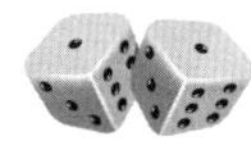

핵심예제 05

포물선 $y = (x-1)^2 + 1$ 이 직선 $mx - y - 2 = 0$ 보다 항상 위쪽에 있도록 하는 정수 m 의 개수는?

① 4 　　② 5 　　③ 6 　　④ 7 　　⑤ 8

핵심예제 06

모든 실수 x 에 대하여 $mx^2 - mx + 1 > 0$ 이 성립하는 정수 m 의 개수는?

① 1 　　② 2 　　③ 3 　　④ 4 　　⑤ 5

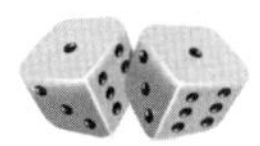

정의역이 $\{x \mid 0 \le x \le 3\}$일 때, $y=(x-2)(x+1)$의 최댓값이 M, 최솟값이 m일 때, $M \times m$의 값은?

① -9 ② -4 ③ 1 ④ 4 ⑤ 9

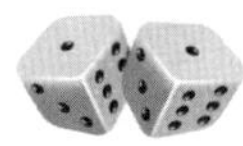

두 함수 $f(x)=2x^2-4x$, $g(x)=x^2-4x+1$에 대하여 $-1 \le x \le 2$에서 합성함수 $(g \circ f)(x)$의 최댓값이 M, 최솟값이 m일 때, $M+m$의 값은?

① 8 ② 9 ③ 10 ④ 11 ⑤ 12

핵심예제 09

x, y 가 실수이고, $x^2 + y^2 = 4$ 일 때, $4x + y^2$ 의 최댓값과 최솟값의 합은?

① -1 ② 0 ③ 1 ④ 4 ⑤ 9

핵심예제 10

x 의 이차함수 $y = x^2 - 2mx + 4m - 1$ 의 최솟값을 l 이라 할 때, l 의 최댓값은?

① -3 ② -1 ③ 1 ④ 3 ⑤ 5

 **핵심예제 11**

이차방정식 $x^2 + 2mx - 4m + 5 = 0$ 의 두 실근을 α, β 라 한다. $\alpha^2 + \beta^2$ 이 최솟값을 가질 때의 m 의 값은?

① 1 　　② 2 　　③ 3 　　④ 4 　　⑤ 5

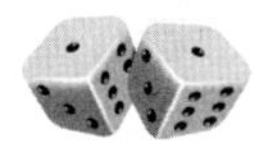 **핵심예제 12**

$y = \dfrac{2x}{x^2 + 1}$ 의 최댓값을 M, 최솟값을 m 이라 할 때, $M - m$ 의 값은? (단, x, y 는 실수)

① 1 　　② 2 　　③ 3 　　④ 4 　　⑤ 5

3차 방정식의 근과 계수와의 관계

(1) $ax^3 + bx^2 + cx + d = 0\,(a \neq 0)$의 세 근을 α, β, γ라고 하면

세 근의 합 : $\alpha + \beta + r = -\dfrac{b}{a}$

두 근씩 곱한 것들의 합 : $\alpha\beta + \beta\gamma + \gamma\alpha = \dfrac{c}{a}$

세 근의 곱 : $\alpha\beta\gamma = -\dfrac{d}{a}$

- x^2항이 없는 3차방정식은 세 근의 합이 0이 된다. $\left(-\dfrac{b}{a} = 0\right)$
- $a^3 + b^3 + c^3 - 3abc = (a + b + c)(a^2 + b^2 + c^2 - ab - bc - ca)$

  $\therefore a + b + c = 0 \rightarrow a^3 + b^3 + c^3 = 3abc$

(2) 실계수 3차 방정식의 근

실계수 3차 방정식의 한 근이 $p + qi\,(p, q$는 실수)이면 다른 한 근은 $p - qi$가 된다.

(3) 유리계수 3차 방정식의 근

유리계수 3차 방정식의 한 근이 $p + q\sqrt{m}\,(p, q$는 유리수, $\sqrt{m}$은 무리수)이면 다른 한 근은 $p - q\sqrt{m}$ 이다.

$x^3 = 1$

(1) $x^3 = 1$ 의 해

$x^3 = 1 \rightarrow x^3 - 1 = 0$

$\rightarrow (x-1)(x^2 + x + 1) = 0$

$\rightarrow x - 1 = 0$에서 실근 1개, $x^2 + x + 1 = 0$에서 허근 2개

(2) $x^3 = 1$의 한 허근을 ω라고 하면,

$\omega^3 = 1 \rightarrow \omega^{3n} = 1$ | 예 | $\omega^{100} = \omega$, $\dfrac{1}{\omega} = \omega^2$

$\rightarrow \omega^2 + \omega + 1 = 0 \rightarrow$ 지수가 연속적일 때, 3개 더하면 0

| 예 | $\omega^7 + \omega^8 + \omega^9 = 0$

$\rightarrow \omega^2 + \omega = -1$

$\rightarrow w^2 = -\omega - 1$(2차를 1차로 바꿀 수 있다)

$x^3 = -1$

(1) $x^3 = -1$ 의 해

$x^3 = -1 \rightarrow x^3 + 1 = 0$

$\rightarrow (x+1)(x^2 - x + 1) = 0$

$\rightarrow x + 1 = 0$에서 실근 1개, $x^2 - x + 1 = 0$에서 허근 2개

(2) $x^3 = -1$의 한 허근을 ω라고 하면,

$\rightarrow \omega^3 = -1$ | 예 | $\omega^{39} = (\omega^3)^{13} = -1$, $\omega^{18} = (\omega^3)^6 = 1$

$\rightarrow \omega^2 - \omega + 1 = 0$

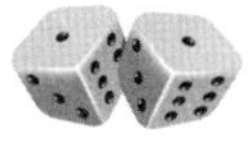 **핵심예제 01**

삼차방정식 $x^3 - px + 6 = 0$의 한 근이 -3이다. 이 방정식의 다른 두 근을 α, β라 할 때, $p + \alpha + \beta$의 값은?

① 2   ② 6   ③ 10   ④ 14

핵심예제 02

삼차방정식 $x^3 - px + 2 = 0$의 세 근을 α, β, γ라 할 때, $\dfrac{\beta+\gamma}{\alpha} + \dfrac{\gamma+\alpha}{\beta} + \dfrac{\alpha+\beta}{\gamma}$의 값은?

① $-p$ ② -3 ③ 3   ④ p

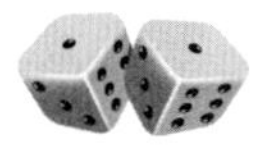

삼차방정식 $x^3 - 5x - 2 = 0$의 세 근을 α, β, γ 라 할 때, $\alpha^3 + \beta^3 + \gamma^3$의 값은?

① 0　　　　② 3　　　　③ 6　　　　④ 9

실수계수 삼차방정식 $x^3 - x^2 + ax + b = 0$의 한 근이 $2+i$일 때, $a+b$의 값은?

① 2　　　　② 4　　　　③ 6　　　　④ 8　　　　⑤ 10

 **핵심예제 05**

삼차방정식 $x^3 + ax^2 + bx - 2 = 0$의 한 근이 $1 - i$일 때, 실수 a, b에 대하여 ab의 값은?

① -12 ② -10 ③ 10 ④ 12 ⑤ 0

핵심예제 06

a, b가 유리수이고, x에 대한 방정식 $x^3 + ax - b = 0$의 한 근이 $1 + \sqrt{2}$일 때, $a + b$의 값은?

① -4 ② -3 ③ -2 ④ -1 ⑤ 0

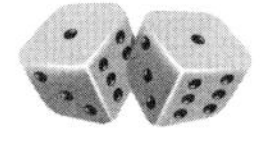 **핵심예제 07**

방정식 $x^3 = 1$의 한 허근을 ω라 할 때, $\omega^{40} + \omega^{20} + 1$의 값은?

① $-\dfrac{1}{2}$ ② 0 ③ $\dfrac{1}{2}$ ④ 1

핵심예제 08

$x^2 + x + 1 = 0$의 한 근을 ω라 할 때, $\dfrac{\omega^{101}}{1 + \omega^{100}} + \dfrac{\omega^{100}}{1 + \omega^{101}}$의 값은?

① -4 ② -3 ③ -2 ④ -1

 **핵심예제 09**

방정식 $x^2+x+1=0$ 의 한 근을 ω 라 할 때, $1+\omega+\omega^2+\omega^3+\cdots+\omega^{33}$ 의 값은?

① -1 ② 1 ③ 2 ④ 3

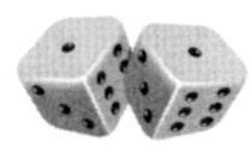

핵심예제 10

방정식 $x^2+x+1=0$ 의 한 근이 ω 일 때, $\omega^8+\dfrac{1}{\omega^2}$ 의 값은?

① -2 ② -1 ③ 1 ④ 2 ⑤ 3

방정식 $x^3+1=0$의 한 허근을 ω라 할 때, $\omega^{40}+\omega^{20}+1$의 값은?

① -2 ② -1 ③ 0 ④ 1 ⑤ 2

방정식 $x^2-x+1=0$의 한 근을 α라고 할 때, $1+\alpha+\alpha^2+\cdots+\alpha^{90}$의 값을 구하면?

① -2 ② -1 ③ 0 ④ 1 ⑤ 2

 일차방정식과 이차방정식으로 이루어진 연립방정식은,

일차방정식에서 x 또는 y를 구해, 구한 값을 이차방정식에 대입하여 푼다.

➜ | 예 | $\begin{cases} y - x = 1 \\ x^2 + y^2 = 25 \end{cases}$ →

$\quad$ → $y = x + 1$을 이차방정식에 대입하면 $x^2 + (x+1)^2 = 25$

$$(x+4)(x-3) = 0$$

$$\therefore x = -4,\ y = -3 \ \text{또는} \ x = 3,\ y = 4$$

윤환의 순으로 주어진 연립방정식은

무조건 변변 더한다.

memo

 **핵심예제 01**

연립방정식 $\begin{cases} x^2 + y^2 = 5 \\ x + y = 1 \end{cases}$ 의 근을 $x = \alpha$, $y = \beta$ 라 할 때, $\alpha\beta$ 의 값은?

① -2 ② -1 ③ 1 ④ 2 ⑤ 3

 **핵심예제 02**

연립방정식 $\begin{cases} x - y = 1 \\ x^2 + y^2 = 25 \end{cases}$ 의 해를 $x = \alpha$, $y = \beta$ 라 할 때, $\alpha\beta$ 의 값은?

① 8 ② 10 ③ 12 ④ 14 ⑤ 16

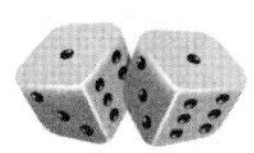 **핵심예제 03**

x, y에 대한 연립방정식 $\begin{cases} x - y = 3 \\ x^2 - y^2 = 15 \end{cases}$ 의 해를 $x = \alpha$, $y = \beta$라 할 때, $\alpha\beta$의 값은?

① 1   ② 2   ③ 3   ④ 4   ⑤ 5

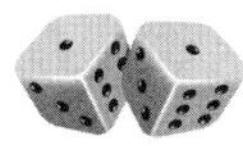 **핵심예제 04**

다음 연립방정식을 만족하는 x, y, z에 대하여 xyz의 값은?

$$\begin{cases} x + y = 7 \\ y + z = 8 \\ z + x = 9 \end{cases}$$

① 30   ② 40   ③ 50   ④ 60   ⑤ 70

다음 연립방정식을 풀었을 때, xyz의 값은?

$$\begin{cases} \dfrac{1}{x} + \dfrac{1}{y} = 2 \\[2mm] \dfrac{1}{y} + \dfrac{1}{z} = 1 \\[2mm] \dfrac{1}{z} + \dfrac{1}{x} = -7 \end{cases}$$

① $\dfrac{1}{30}$ 　② $\dfrac{1}{40}$ 　③ $\dfrac{1}{50}$ 　④ $\dfrac{1}{60}$ 　⑤ $\dfrac{1}{70}$

절댓값 기호가 포함된 1차부등식

(1) $|x| < a\,(a > 0) \ \rightarrow \ -a < x < a$

(2) $|x| > a\,(a > 0) \ \rightarrow \ x < -a,\ a < x$

2차 부등식

$ax^2 + bx + c < 0, \ \ ax^2 + bx + c > 0\,(a > 0)$

(1) 우선 최고차항의 계수가 양수인지 확인하고,

　　음수일 경우 양변에 −를 곱해줘서 최고차항의 계수가 양수가 되도록 한다.

(2) 좌변 $ax^2 + bx + c = 0$ 인 x값(실근)을 구한다.

　　(인수분해가 안되면 근의 공식으로)

(3) 부등호 방향이 [0보다 작다] 이면

　　$ax^2 + bx + c = 0$ 의 두 실근 [사이]

　　부등호 방향이 [0보다 크다] 이면

　　$ax^2 + bx + c = 0$ 의 두 실근 [바깥]으로 해를 나타낸다

2차 부등식의 해와 근과 계수와의 관계

이차부등식 $ax^2 + bx + c < 0, \ \ ax^2 + bx + c > 0\,(a > 0)$의 해는 각각

$\alpha < x < \beta$와 $x < \alpha, \beta < x\,(\alpha < \beta)$일 때,

α, β는 좌변 $ax^2 + bx + c = 0$의 두 근이므로 근과 계수의 관계를 이용할 수 있다.

 **핵심예제 01**

임의의 실수 x에 대하여 부등식 $(p-12)x+q-9>0$이 성립하도록 하는 두 실수 $p,\ q$의 조건은?

① $p>12,\ q>9$ ② $p>12,\ q<9$

③ $p=12,\ q<9$ ④ $p=12,\ q>9$

⑤ $p<12,\ q<9$

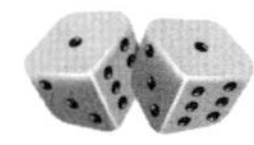 **핵심예제 02**

부등식 $|x-3|<2$의 해는?

① $1<x<3$ ② $0<x<5$

③ $-1<x<3$ ④ $1<x<5$

⑤ $0<x<3$

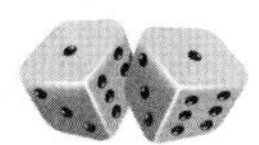

핵심예제 03

부등식 $|x-1| > 3$의 해집합이 $\{x \mid x < \alpha,\ x > \beta\}$라고 할 때, $\beta - \alpha$의 값은?

① 2　　　② 4　　　③ 6　　　④ 8　　　⑤ 10

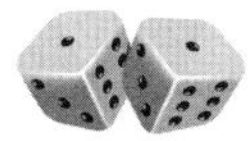

핵심예제 04

$|x-2| = 3$ 을 만족하는 실수 x 값들의 합을 구하면?

① -2　　　② -1　　　③ 1　　　④ 2　　　⑤ 4

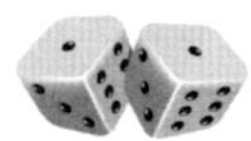

핵심예제 05

방정식 $\sqrt{(x-1)^2} = |5-x|$의 해를 구하면?

① -3　　② 0　　③ 3　　④ 6　　⑤ 9

핵심예제 06

방정식 $|x-2|+|x-4|=10$의 두 근의 합을 구하면?

① 2　　② 4　　③ 6　　④ 8　　⑤ 10

 **핵심예제 07**

이차부등식 $2x^2 - 6x + 1 \leq 0$ 의 해가 $\alpha \leq x \leq \beta$ 일 때, $\alpha + \beta$ 의 값은?

① 1 ② 2 ③ 3 ④ 4 ⑤ 5

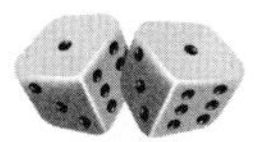

핵심예제 08

이차부등식 $x^2 + 2x - 4 < 0$ 의 해가 $\alpha < x < \beta$ 일 때, $\dfrac{\beta}{\alpha} + \dfrac{\alpha}{\beta}$ 의 값은?

① -3 ② -1 ③ 1 ④ 3 ⑤ 4

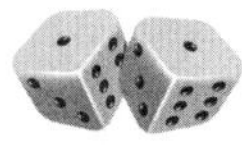 **핵심예제 09**

이차부등식 $x^2+px+q<0$의 해가 $-2<x<3$일 때, $p+q$의 값은?

① -7　　　② -1　　　③ 1　　　④ 7　　　⑤ 8

핵심예제 10

집합 $A=\{\,x\mid x^2-4x-5<0\,\}$, $B=\{\,x\mid x+a<0\,\}$에 대하여 $A\cap B\neq\phi$일 때, 실수 a의 범위는?

① $a<-1$　　　② $a>0$　　　③ $a<1$　　　④ $a<2$　　　⑤ $a<3$

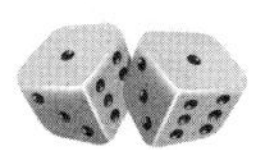 **핵심예제 11**

두 집합 $A = \{ x \mid x^2 - 6x + 8 \le 0 \}$, $B = \{ x \mid x^2 + ax + b < 0 \}$ 가 $A \cap B = \phi$,
$A \cup B = \{ x \mid -1 < x \le 4 \}$ 를 동시에 만족시킬 때, $a+b$ 의 값은?

① -3 ② -1 ③ 1 ④ 3 ⑤ 4

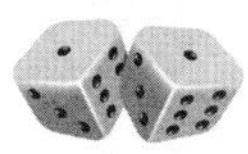 **핵심예제 12**

두 집합 $A = \{ x \mid x^2 + ax + b \le 0 \}$, $B = \{ x \mid x^2 - 5x + 6 > 0 \}$ 에 대하여
$A \cup B = \{ x \mid x \text{는 실수} \}$, $A \cap B = \{ x \mid 3 < x \le 5 \}$ 일 때, $a+b$ 의 값은?

① -3 ② 0 ③ 3 ④ 5 ⑤ 6

Ⅲ.
도형의 방정식

두 점 사이의 거리

$$\sqrt{(x\text{좌표의 차이})^2 + (y\text{좌표의 차이})^2} \;\to\; \mid \text{예} \mid \; \text{두 점 } (-1,3), (3,0) \text{ 사이의 거리} = 5$$

- $\overline{PA} + \overline{PB}$ 의 값이 최소가 될 때

  점 P가 $\overline{AB}$ 직선상에 있을 때 $\to \overline{PA} + \overline{PB}$의 최솟값 $= \overline{AB}$

내분점, 외분점

선분 AB에 대한 내분점은 AB직선 상에 있고, 외분점은 AB직선 밖에 있다.

선분 AB를 $m:n$으로 내분 또는 외분할 때 점 A를 시작하는 점, 점 B를 끝나는 점으로 하고

(1) $\left(\dfrac{m \qquad n}{m \qquad n}, \; \dfrac{m \qquad n}{m \qquad n} \right)$

  내분, 외분 관계없이 분모 분자에 m, n을 쓴다.

(2) $\left(\dfrac{m \times (\text{끝}x) \qquad n \times (\text{시}x)}{m \qquad n}, \; \dfrac{m \times (\text{끝}y) \qquad n \times (\text{시}y)}{m \qquad n} \right)$

  내분, 외분 관계없이 분자에 점 A, B의 좌표를 곱한다

(3) 내분점 일 때는 분모, 분자의 두 항 사이를 + 로,

  $\left(\dfrac{m \times (\text{끝}x) \; + \; n \times (\text{시}x)}{m \; + \; n}, \; \dfrac{m \times (\text{끝}y) \; + \; n \times (\text{시}y)}{m \; + \; n} \right)$

  외분점 일 때는 분모, 분자의 두 항 사이를 $-$ 로, 연결한다.

  $\left(\dfrac{m \times (\text{끝}x) \; - \; n \times (\text{시}x)}{m \; - \; n}, \; \dfrac{m \times (\text{끝}y) \; - \; n \times (\text{시}y)}{m \; - \; n} \right)$

중점의 좌표

(1) 중점의 x좌표 : x좌표들의 평균값

  중점의 y좌표 : y좌표들의 평균값

(2) 다각형이 무게중심 G는 꼭지점들의 중점과 같다.

  $\to \mid \text{예} \mid$ 세 점 $A(2, 4), B(4, 0), C(6, 6)$을 꼭짓점으로 하는 $\triangle ABC$의 무게중심$=(4, \dfrac{10}{3})$

  - 삼각형의 세 변을 일정한 비율로 내분한 점을 이어서 만든 삼각형의 무게중심은
    원래 삼각형의 무게중심과 같다.
  - 삼각형의 무게중심 : 중선의 교점
  - 중선 : 한 꼭짓점에서 그 꼭짓점이 마주보는 변의 중점을 이은 선
      (중선은 삼각형의 넓이를 이등분한다.)

(3) 평행사변형의 성질

  평행사변형 $ABCD$에서 $\overline{AC}$의 중점 $= \overline{BD}$의 중점

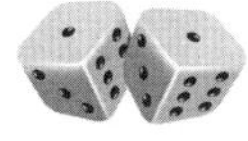

핵심예제 01

두 점 $A(1,\ 1)$, $B(3,\ 5)$에서 같은 거리에 있는 x축 위의 점의 x좌표를 구하면?

① 1   ② 2   ③ 4   ④ 8   ⑤ 16

핵심예제 02

$A(6,\ -1)$와 $B(3,\ 2)$를 연결한 선분 AB를 $2:1$로 내분하는 점을 C, $2:1$로 외분하는 점을 D라 할 때, 선분 CD의 길이는?

① $2\sqrt{2}$ ② $3\sqrt{2}$ ③ $4\sqrt{2}$ ④ $5\sqrt{2}$ ⑤ $6\sqrt{2}$

두 점 $A(-6, 7)$, $B(4, 2)$에 대하여 $\overline{AB}$를 $3:2$로 내분하는 점을 P, $3:2$로 외분하는 점을 Q라 할 때, 선분 $\overline{PQ}$의 중점의 좌표는?

① $(-2, 12)$　　② $(0, 0)$　　③ $(6, 12)$　　④ $(12, -3)$　　⑤ $(12, -2)$

세 점 $A(-1, 1)$, $B(-3, -2)$, $C(2, -1)$에 대하여 사각형 $ABCD$가 평행사변형이 되도록 D의 좌표를 정하면?

① $(1, -5)$　　② $(2, 4)$　　③ $(3, 5)$　　④ $(4, 2)$　　⑤ $(5, 2)$

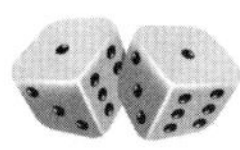

세 점 $A(3, 4)$, $B(-2, -2)$, C를 꼭짓점으로 하는 삼각형 ABC의 무게중심 G의 좌표가 $\left(2, \dfrac{2}{3}\right)$일 때, 점 C의 좌표는?

① $(-6, 1)$ ② $(-5, 1)$ ③ $(5, 0)$ ④ $(5, 1)$ ⑤ $(5, -1)$

삼각형 ABC의 세 변 AB, BC, CA의 중점을 각각 $P(-3, 2)$, $Q(4, 2)$, $R(2, 8)$이라 할 때, 삼각형 ABC의 무게중심의 좌표는?

① $(0, 4)$ ② $(1, 3)$ ③ $(1, 4)$ ④ $(2, 3)$ ⑤ $(3, 4)$

직선의 방정식

(1) 직선의 방정식을 작성하기 위해 알아야 할 것 : 기울기, 지나는 점
$y = ax + b$ 의 기울기는 a, y절편은 b

(2) 직선 $ax + by + c = 0$의 기울기는 $-\dfrac{a}{b}$, y절편은 $-\dfrac{c}{b}$

(3) 기울기가 m이고 점 (a, b)를 지나는 직선 : $y = m(x - a) + b$

(4) 두 정점을 지나는 직선의 기울기
두 정점 중에서 어느 한 점에 밑줄을 친 다음,

$$\frac{(밑줄친\ 점의\ y좌표) - (다른\ 점의\ y좌표)}{(밑줄친\ 점의\ x좌표) - (다른\ 점의\ x좌표)}$$

➔ | 예 | 두 점 $(-1, 2), (3, 1)$ 을 지나는 직선의 방정식

기울기는 $-\dfrac{1}{4}$ 이고, 지나는 점을 대입하여 성립하게 하면 $y = -\dfrac{1}{4}x + \dfrac{7}{4}$

$\therefore x + 4y - 7 = 0$

• 기울기는, 오른쪽이 올라갈수록 크다

(5) 절편을 알 때 직선의 방정식 : $\dfrac{x}{x절편} + \dfrac{y}{y절편} = 1$

• 직선과 관련된 넓이문제는 절편을 이용하여 푼다.

두 직선 $\begin{cases} ax + by + c = 0 \\ a'x + b'y + c' = 0 \end{cases}$의 관계

(1) 오직 하나의 해 $\dfrac{a}{a'} \neq \dfrac{b}{b'}$

(2) 해 없다[평행] : $\dfrac{a}{a'} = \dfrac{b}{b'} \neq \dfrac{c}{c'}$

(3) 무수히 많은 해 [일치] : $\dfrac{a}{a'} = \dfrac{b}{b'} = \dfrac{c}{c'}$

수직한 직선의 방정식

(1) 서로 수직인 직선의 기울기끼리 곱하면 -1
→ 주어진 직선의 기울기를 [역수취한 후 부호 바꾸면] 그 직선에 수직인 직선의 기울기

(2) $ax + by + c = 0$에 수직인 직선 → $bx - ay + k = 0$
(x와 y의 계수를 바꾼 다음, x의 계수 또는 y의 계수 중 하나의 부호를 바꾼 것)

(3) 두 직선 $\begin{cases} ax + by + c = 0 \\ a'x + b'y + c' = 0 \end{cases}$이 직교할 때
$aa' + bb' = 0\ (x계수의\ 곱) + (y계수의\ 곱) = 0$

직선이 지나는 점

어떤 직선의 방정식이 k값에 관계없이 지나는 점을 구하려면

(1) 주어진 식을 ( )$k+$ ( ) $=0$으로 정리한다.(항등식이론)

(2) 각 괄호를 0이 되게 하는 x, y의 값이 바로

위 등식이 k값에 관계없이 항상 지나는 점의 x, y좌표가 된다.
- 세 점이 한 직선 위에 있도록

  세 점중 어느 두 점을 지나는 직선의 기울기가 모두 같다
- 세 직선이 한 점을 지나도록

  두 직선의 교점을 다른 한 직선이 지나게 하면 된다.

  이 때 두 직선은 미정계수가 없는 것으로 고르고, 연립하여 교점을 구한 후,

  다른 한 직선에 대입하여 성립하게 하면 된다.
- 지난다 = 그 식에 대입하면 성립한다.
- 직선의 방정식 : x, y에 관한 일차식

점과 직선과의 거리

점과 직선과의 최단거리를 말한다.

점 (x_1, y_1)과 직선 $ax+by+c=0$ 사이의 거리 $\dfrac{|ax_1+by_1+c|}{\sqrt{a^2+b^2}}$

$$\dfrac{|\,대입해서\ 그대로\,|}{(x의\ 계수)^2+(y의\ 계수)^2}$$

➡ | 예 | 원점과 직선 $3x+4y-10$ 사이의 거리는 $\dfrac{|-10|}{\sqrt{3^2+4^2}}=2$

평행한 두 직선사이의 거리

평행한 두 직선 $\begin{cases} ax+by+c=0 \\ ax+by+k=0 \end{cases}$ 사이의 거리는 $\dfrac{|c-k|}{\sqrt{a^2+b^2}}$

세 점 $A(1, 3)$, $B(3, a)$, $C(3-2a, 4)$ 가 같은 직선 위에 있도록 상수 a 의 값을 정하면?

1   ② 2   ③ 3   ④ 4   ⑤ 5

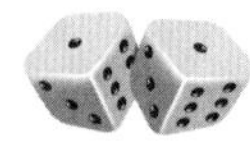

두 직선 $x+ay+1=0$, $ax+4y-2=0$ 이 평행일 때, 상수 a 의 값은?

① -2 ② -1 ③ 1   ④ 2   ⑤ 0

 **핵심예제 03**

두 점 $A(-1, 4)$, $B(5, 2)$를 잇는 선분의 수직이등분선이 점(a, b)를 지난다.
이 때, $3a-b$의 값은?

① 1   ② 2   ③ 3   ④ 4   ⑤ 5

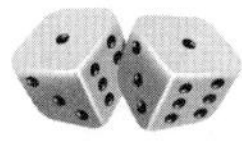 **핵심예제 04**

두 직선 $ax+ay+1=0$, $4x+ay-1=0$이 수직일 때 a의 값은? (단, $a \neq 0$)

① -4 ② -3 ③ -2 ④ -1 ⑤ 0

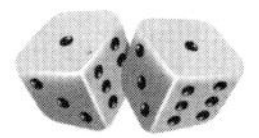

핵심예제 05

직선 $ax+4y=4a$ 와 x 축, y 축으로 둘러싸인 도형의 넓이가 6일 때, 양수 a 의 값은?

① 1 ② 2 ③ 3 ④ 4 ⑤ 5

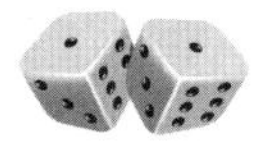

핵심예제 06

$ab>0$, $bc<0$일 때, 직선 $ax+by+c=0$ 이 지나는 사분면을 바르게 나타낸 것은?

① 1, 2, 3 ② 1, 2, 4 ③ 1, 3, 4
④ 2, 3, 4 ⑤ 2, 3

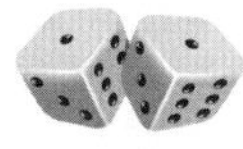

핵심예제 07

직선 $kx - 4y - 2k + 4 = 0$은 k 값에 관계없이 항상 점 (a, b)를 지난다. 이 때, $a + b$의 값은?

① 1　　　② 2　　　③ 3　　　④ 4　　　⑤ 5

핵심예제 08

두 직선 $3x + 2y + 4 = 0$과 $2x - y + 4 = 0$의 교점과 원점을 지나는 직선의 방정식은?

① $x - 3y = 0$　　　② $x + 3y = 0$　　　③ $x + y = 0$

④ $3x - y = 0$　　　⑤ $3x + y = 0$

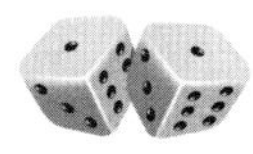 **핵심예제 09**

원점과 직선 $ax - y - 5 = 0$ 사이의 거리가 $\sqrt{5}$ 일 때, 양수 a의 값은?

① 1　　　　② 2　　　　③ 3　　　　④ 4　　　　⑤ 5

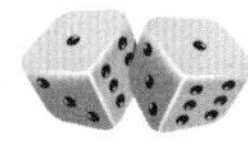 **핵심예제 10**

점 $(1,\ 2)$를 지나고 원점으로부터 거리가 1인 직선의 방정식은?

① $3x - 4y - 5 = 0$　　　② $3x - 4y + 5 = 0$　　　③ $3x + 4y + 5 = 0$

④ $4x - 3y + 5 = 0$　　　⑤ $4x + 3y - 5 = 0$

평행한 두 직선 $3x - 4y - 3 = 0$, $3x - 4y + 7 = 0$ 사이의 거리는?

① 1　　　　② 2　　　　③ 3　　　　④ 4　　　　⑤ 5

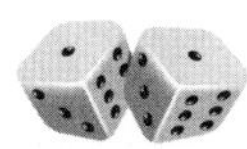

평면 위에 서로 다른 세 정점 A, B, C가 있다. 점 P가 $\overline{PA}^2 + 2\overline{PB}^2 = k\overline{PC}^2$을 만족하면서 움직일 때, 점 P의 자취가 직선이 되기 위한 상수 k의 값은?

① 1　　　　② 2　　　　③ 3　　　　④ 4　　　　⑤ 5

원의 방정식

(1) 원 : 한 정점으로부터 일정한 거리에 있는 '점의 자취'를 원이라고 한다. 이렇게 원 위를 움직이고 있는 동점(x, y)의 관계식을 원의 방정식이라고 하며, x도 2차, y도 2차인 관계식을 갖는다.

(2) 원의 방정식의 표준형

$$(x-a)^2 + (y-b)^2 = r^2$$

→ 중심이 (a, b)이고, 반지름의 길이가 r인 원의 방정식

※ 중심이 원점$(0, 0)$이고, 반지름의 길이가 r인 원의 방적식은 $x^2 + y^2 = r^2$

(3) 원의 방정식의 일반형

원의 방정식의 표준형을 전개하여 정리한 것을 원의 방정식의 일반형이라고 한다.

→ ㅣ예ㅣ 중심의 좌표가 $(1, -2)$이고 반지름이 3인 원의 방정식

표준형 → $(x-1)^2 + (y+2)^2 = 9$

일반형 → $x^2 + y^2 - 2x + 4y - 4 = 0$

$$x^2 + y^2 + Ax + By + C = 0$$

이 때, ① 중심의 x좌표 $= -\dfrac{A}{2}$

② 중심의 y좌표 $= -\dfrac{B}{2}$

③ $r^2 = ($중심의 x좌표$)^2 + ($중심의 y좌표$)^2 - C$에서 반지름 r을 구할 수 있다.

※ 원이 되기 위한 조건 : $r^2 > 0$

※ 원의 방정식을 구하기 위해 알아야 할 것 2가지! → 중심의 좌표, 반지름

원의 방정식 문제 유형

(1) 원의 중심과 원이 지나는 원주상의 한 점이 주어질 때

원의 중심과 원주 상의 한 점 사이의 거리가 반지름

→ ㅣ예ㅣ 중심이 $(3, 2)$이고 점$(2, 5)$를 지나는 원의 방정식

→ $r = \sqrt{1^2 + 3^2} = \sqrt{10}$ 　　　 $\therefore (x-3)^2 + (y-2)^2 = 10$

(2) 지름의 양 끝점의 좌표가 주어질 때

지름의 양 끝점의 중점이 원의 중심이고, 중심에서 어느 한 끝점까지의 거리가 반지름

→ ㅣ예ㅣ 두 점 $(1, 3)$, $(3, 7)$을 지름의 양끝으로 하는 원의 방정식

→ 중심 : $(2, 5)$,

반지름 r : 한 점과 중심사이의 거리 $= \sqrt{1^2 + 2^2} = \sqrt{5}$ 　　 $\therefore (x-2)^2 + (y-5)^2 = 5$

(3) 원의 중심과 한 접선의 방정식이 주어질 때

중심에서 접선까지의 거리가 반지름

→ | 예 | $3x - 4y + 1 = 0$에 접하는 원 중에서 중심이 $(0, -1)$인 것의 방정식은?

$$\rightarrow \text{반지름 } r = \text{중점과 접선 사이의 거리} = \frac{|4+1|}{\sqrt{3^2 + 4^2}} = 1$$

(4) 원이 x축에 접할 때 : |중심의 y좌표| = 반지름 r

원이 y축에 접할 때 : |중심의 x좌료| = 반지름 r

두 원의 교점을 지나는 직선

(1) 두 원의 교점을 지나는 직선의 방정식을 구하라고 하면 이차항을 소거해주면 된다.

(직선의 방정식은 x, y에 관한 일차식이기 때문에)

→ | 예 | 두 원 $x^2 + y^2 - 25 = 0$, $x^2 + y^2 - 6x + 8y - 9 = 0$의 교점을 지나는 직선의 방정식

$$\rightarrow (x^2 + y^2 - 25) - (x^2 + y^2 - 6x + 8y - 9) = 0$$

$$\therefore 6x - 8y - 16 = 0$$

(2) 공통현 : 두 원의 교점을 이은 선분

① 원의 중심과 교점 사이의 거리(=반지름)

② [원의 중심]과 [두 원의 교점을 지나는 직선]과의 거리

③ 현의 길이

위 ①, ②, ③ 중에서 둘을 알면 나머지 하나를 구할 수 있다.(피타고라스를 이용)

원과 직선과의 관계

중심과 직선과의 거리] 와 [원의 반지름]을 비교하여 정할 수도 있다.

[원의 중심과 직선과의 거리]를 d라고 하면,

(1) 원과 직선의 교점이 2개 일 때 → $d < r$

원과 직선의 교점이 1개 일 때(즉, 접할 때) → $d = r$

원과 직선이 만나지 않을 때 → $d > r$

→ | 예 | 원과 직선이 만날 때 → $d \leq r$

(2) 원과 직선과의 거리의 최솟값과 최댓값

최솟값 $= d - r$, 최댓값 $= d + r$

원의 접선과 방정식

(1) 접점의 좌표가 주어질 때

$x^2 + y^2 \rightarrow x \times x + y \times y$ 으로 고친 다음, 두 개의 x중 하나의 x에 접점의 x좌표 대입

두 개의 y중 하나의 y에 접점의 y좌표 대입

• 위와 같이 중심이 원점에 있는 원이 아니더라도 같은 원리를 적용하여 풀면 된다.

(2) 기울기가 주어질 때

$x^2 + y^2 = r^2$에 접하는 기울기가 m인 직선의 방정식은 $y = mx \pm r\sqrt{1+m^2}$

・$(x-a)^2 + (y-b)^2 = r^2$에 접하는 기울기가 m인 직선의 방정식

x대신 $x-a$대입, y대신 $y-b$대입해서 → $y-b = m(x-a) \pm r\sqrt{1+m^2}$

(원이 평행이동 하면 원의 접선도 그만큼 평행이동하기 때문에)

(3) 접선의 길이

원 밖의 한 점에서 그 원에 그은 접선의 접점까지의 거리

(피타고라스를 이용해서 풀지만, 시간이 없을 땐 원 밖의 점의 좌표를 그 원의 방정식 좌편에 대입한 후 루트씌워도 된다.)

→ ㅣ예ㅣ 점$(2,3)$에서 원 $x^2+y^2-4x+6y+1=0$에 그은 접선의 길이

$$= \sqrt{2^2+3^2-8+18+1} = 2\sqrt{6}$$

 **memo**

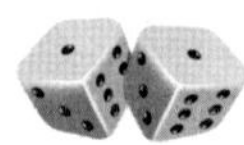

핵심예제 01

두 점 $A(-1, -3)$, $B(5, 1)$을 지름의 양끝으로 하는 원의 방정식은?

① $(x-2)^2 + (y-1)^2 = \sqrt{13}$ 　② $(x-2)^2 + (y+1)^2 = 13$

③ $(x+2)^2 + (y-1)^2 = \sqrt{13}$ 　④ $(x+2)^2 + (y+1)^2 = 13$

⑤ $(x+2)^2 + (y+1)^2 = \sqrt{13}$

핵심예제 02

중심이 $(2, -3)$ 이고 x축에 접하는 원의 방정식은?

① $(x-2)^2 + (y+3)^2 = 4$ 　② $(x-2)^2 + (y+3)^2 = 9$

③ $(x+2)^2 + (y-3)^2 = 4$ 　④ $(x+2)^2 + (y-3)^2 = 9$

⑤ $(x-2)^2 + (y-3)^2 = 9$

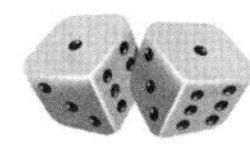 **핵심예제 03**

원 $x^2 + y^2 - 2x + 4y + 2 = 0$의 중심의 좌표와 반지름의 길이를 차례로 구하면?

① $(-1, -2), \sqrt{3}$ 　　　② $(-1, 2), \sqrt{3}$ 　　　③ $(-1, 2), 3$

④ $(1, -2), \sqrt{3}$ 　　　⑤ $(1, 2), \sqrt{3}$

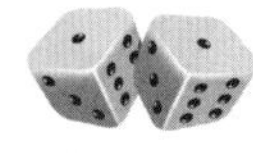 **핵심예제 04**

x, y에 관한 이차방정식 $x^2 + y^2 + 2x - 4y + k = 0$이 원을 나타내도록 k 값의 범위를 구하면?

① $k < \dfrac{1}{2}$ 　　② $k < \dfrac{1}{5}$ 　　③ $k > 2$ 　　④ $k < 5$ 　　⑤ $k < 7$

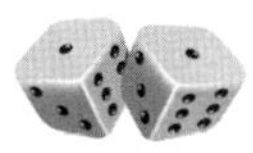

핵심예제 05

원 $x^2 + y^2 - 4x + 6y = 0$과 같은 중심을 가지고, x축에 접하는 원의 중심의 좌표와 반지름의 길이를 차례로 옳게 적은 것은?

① $(-2,\ 3),\ 1$　　　　　② $(-2,\ 3),\ 2$

③ $(-2,\ 3),\ 3$　　　　　④ $(2,\ -3),\ 3$

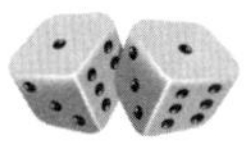

핵심예제 06

원점을 중심으로 하고 직선 $3x - 4y - 10 = 0$에 접하는 원의 넓이는?

① π　　　　② 2π　　　　③ 3π　　　　④ 4π

 **핵심예제 07**

두 원 $x^2 + y^2 - 5 = 0$, $x^2 + y^2 - 4x - 2y + 4 = 0$ 의 교점을 지나는 직선의 방정식은?

① $x - 2y - 9 = 0$ ② $2x - y + 9 = 0$ ③ $4x - 2y + 9 = 0$

④ $4x + 2y - 9 = 0$ ⑤ $2x + 2y - 9 = 0$

 **핵심예제 08**

두 원 $x^2 + y^2 = 4$, $x^2 + y^2 - 4x - 4y = 0$ 의 공통현의 길이를 구하면?

① $2\sqrt{2}$ ② 3 ③ $\sqrt{14}$ ④ 4 ⑤ 5

 **핵심예제 09**

직선 $x+y+k=0$ 이 원 $x^2+y^2=4$ 와 만나기 위한 k 의 범위는?

① $-4\sqrt{2} < k < 4\sqrt{2}$

② $-2\sqrt{2} < k < 2\sqrt{2}$

③ $-4\sqrt{2} \le k \le 4\sqrt{2}$

④ $-2\sqrt{2} \le k \le 2\sqrt{2}$

⑤ $-2\sqrt{2} \le k \le 4\sqrt{2}$

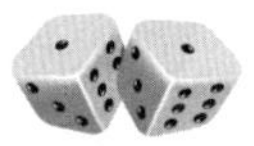

핵심예제 10

원 $(x+1)^2+(y-2)^2=1$ 과 직선 $4x+3y+a=0$ 이 서로 접할 때, 양수 a 의 값은?

① 1   ② 2   ③ 3   ④ 4   ⑤ 5

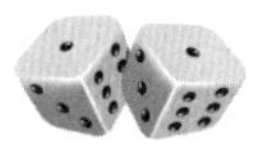

원 $x^2 + y^2 = 5$ 와 직선 $y = 2x - 9$ 와의 최단거리는?

① $\dfrac{\sqrt{5}}{5}$ ② $\dfrac{2\sqrt{5}}{5}$ ③ $\dfrac{3\sqrt{5}}{5}$ ④ $\dfrac{4\sqrt{5}}{5}$ ⑤ $\dfrac{5\sqrt{5}}{5}$

원 $x^2 + y^2 - 6x - 8y + 21 = 0$ 위의 점에서 직선 $x + y + 1 = 0$ 에 이르는 거리의 최댓값은?

① $\sqrt{2}$ ② 2 ③ $4\sqrt{2} - 2$ ④ $4\sqrt{2} + 2$ ⑤ 0

 **핵심예제 13**

원 $x^2 + y^2 = 25$ 위의 점 $(3, -4)$에서 이 원에 그은 접선의 방정식은?

① $3x - 4y = 0$　　② $3x - 4y - 25 = 0$　　③ $3x + 4y - 25 = 0$

④ $3x + 4y + 25 = 0$　　⑤ $3x + 4y = 0$

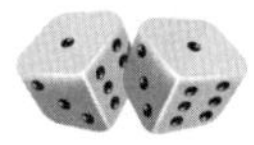

 **핵심예제 14**

원 $(x-1)^2 + (y+2)^2 = 10$ 위의 점 $(2, 1)$에서 이 원에 그은 접선의 방정식은?

① $3x - y - 5 = 0$　　② $3x - y + 5 = 0$　　③ $x + 3y - 5 = 0$

④ $x + 3y + 5 = 0$　　⑤ $x + 3y + 6 = 0$

$x^2+y^2=4$ 에 접하고, 직선 $2x+y=3$ 에 평행한 직선의 방정식은?

① $y=-2x\pm2\sqrt{5}$ ② $y=-2x\pm3\sqrt{5}$ ③ $y=-\dfrac{1}{2}x\pm\sqrt{5}$

④ $y=\dfrac{1}{2}x\pm2\sqrt{5}$ ⑤ $y=\dfrac{1}{2}x\pm3\sqrt{5}$

원 $x^2+y^2=1$ 에 접하고 x축의 양의 방향과 60° 의 각을 이루는 직선의 방정식은?

① $y=\dfrac{1}{\sqrt{3}}x\pm2$ ② $y=\dfrac{1}{\sqrt{3}}x\pm2\sqrt{2}$ ③ $y=x\pm2$

④ $y=\sqrt{3}\,x\pm2$ ⑤ $y=\sqrt{3}\,x\pm3$

 **핵심예제 17**

점 $(2, 3)$에서 원 $x^2 + y^2 - 4x + 6y + 1 = 0$에 그은 접선의 길이는?

① $\sqrt{6}$　　　　② $2\sqrt{6}$　　　　③ $3\sqrt{6}$　　　　④ $4\sqrt{6}$　　　　⑤ $5\sqrt{6}$

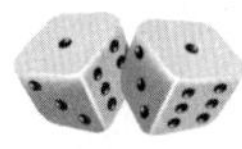 **핵심예제 18**

두 정점 $A(1, 0)$, $B(4, 0)$으로부터의 거리의 비가 $2 : 1$이 되게 움직이는 점 P의 자취의 방정식은?

① $(x-1)^2 + (y-4)^2 = 4$　　　② $(x-2)^2 + (y-1)^2 = 2$　　　③ $(x-3)^2 + y^2 = 2$

④ $(x-5)^2 + y^2 = 4$　　　⑤ $(x-4)^2 + y^2 = 4$

평행이동

$f : (x,\ y) \to (x+m,\ y+n)$ 의 해석

x축 방향으로 m만큼, y축 방향으로 n만큼 평행이동

- f에 의해 평행이동한 그래프의 식을 구하려면 : x 대신 $x-m$, y 대신 $y-n$ 대입
- 점의 이동과 그래프의 이동에 있어서 표현할 때 주의

대칭이동 4가지

(1) x축에 대한 대칭이동 $f : (x, y) \to (x, -y)$

(2) y축에 대한 대칭이동 $f : (x, y) \to (-x, y)$

(3) 원점에 대한 대칭이동 $f : (x, y) \to (-x, -y)$

(4) $y = x$에 대한 대칭이동 $f : (x, y) \to (y, x)$

- 원의 이동 : 원의 방정식 자체를 이동시키려 하지말고,
  원의 중심의 좌표를 이동시키는게 간편하다.(단, 반지름은 변하지 않는다)
- 포물선의 이동 : 포물선이 이동하면 포물선의 꼭짓점도 이동한다.

memo

 **핵심예제 01**

평행이동 $g : (x, \ y) \to (x+1, \ y-3)$ 에 의하여 점 $(-1, \ 3)$ 은 점 $(a, \ b)$ 로 이동한다. 이 때, $a+b$ 의 값은?

① 0   ② 1   ③ 2   ④ 3   ⑤ 4

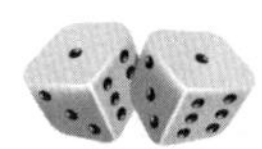 **핵심예제 02**

평행이동 $f : (x, \ y) \to (x+p, \ y-2p)$ 에 의하여 직선 $y = 2x-5$ 는 직선 $y = 2x+3$ 로 옮겨진다. 이 때, 상수 p 의 값은?

① -2 ② -1 ③ 1   ④ 2   ⑤ 3

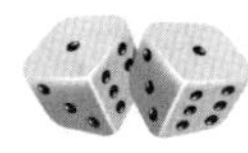 **핵심예제 03**

원 $(x+2)^2+(y+1)^2=1$ 을 평행이동 $f:(x,\ y)\to(x+1,\ y+4)$ 에 의하여 이동한 도형의 방정식은?

① $(x-1)^2+(y-3)^2=1$ ② $(x+1)^2+(y+3)^2=1$

③ $(x+1)^2+(y-3)^2=1$ ④ $(x+4)^2+(y-3)^2=1$

⑤ $(x+4)^2+(y+3)^2=1$

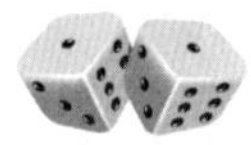 **핵심예제 04**

직선 $y=-x+2$ 와 x 축에 대하여 대칭인 직선에 수직이고, 점 $(-1,\ 2)$ 를 지나는 직선의 방정식은?

① $x-y+1=0$ ② $x+y-1=0$ ③ $2x+y+1=0$

④ $3x-2y+1=0$ ⑤ $4x-3y-1=0$

점 $(-1,\ 2)$를 y축에 대하여 대칭이동시킨 후에 다시 원점에 대하여 대칭이동시켰다. 이 점을 직선 $y=x$에 대하여 대칭이동시킨 점의 좌표는?

① $(-2,\ -1)$ ② $(-1,\ 2)$ ③ $(1,\ -2)$ ④ $(2,\ -1)$ ⑤ $(1,\ -1)$

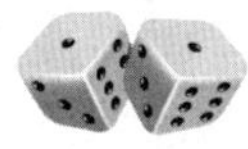

$(x-2)^2+(y+1)^2=4$를 $y=x$에 대하여 대칭이동한 원의 중심이 직선 $y=ax+3$ 위에 있을 때, 상수 a의 값은?

① -2 ② -1 ③ 1 ④ 2 ⑤ 3

부등식의 영역

등식 : 그래프로 나타난다.

부등식 : 영역으로 나타난다. →그 영역 안에 있는 점은 그 부등식을 만족한다.

(1) 위, 아래로 구분되는 영역

    「$y = f(x)$」를 경계로 하여 ① 그래프 위에 있으면 $y > f(x)$

                              ② 그래프 아래에 있으면 $y < f(x)$

(2) 평면을 내부로 외부로 나누는 부등식의 역역

    ① $f(x, y) <$상수 : 「$f(x, y)=$ 상수」의 내부 영역

    ② $f(x, y) >$상수 : 「$f(x, y)=$ 상수」의 외부 영역

    •등호가 있으면 경계도 포함

(3) 직선 $ax + by + c = 0$이 두 정점 A, B 사이를 지날 조건

    직선의 방정식의 좌변 $ax + by + c$에

    점 A의 좌표를 대입한 값과, 점B의 좌표를 대입한 값을 곱하면 0보다 작다.

    •직선 $ax + by + c = 0$이 선분AB와 한 점에서 만날 조건은

      직선의 방정식의 좌편 $ax + by + c$에

      점 A의 좌표를 대입한 값과, 점B의 좌표를 대입한 값을 곱하면 0보다 작거나 같다.

부등식의 영역과 최대, 최소

(1) 「$ax + y$」의 최대, 최소

    $ax + b = k$ 로 놓고 k값의 최대, 최소를 구해주면 된다.

    •주어진 두 연립방정식의 교점을

      직선 「$ax + b = k$」가 지날 때 최대 또는 최소가 되는 유형이 많이 나온다.

(2) 「$x^2 + y^2$」의 최대, 최소

    원의 중심에서 멀리 떨어진 원주 상에 있는 점일수록 반지름의 값이 커지므로 $x^2 + y^2$의
값이 커진다.

 **핵심예제 01**

좌표평면 위에서 점 $(k,\ 6)$이 포물선 $y = x^2 + 2x + 3$의 위쪽 부분에 있을 때, k 값의 범위는?

① $-3 < k < -1$　　　　② $-3 < k < 1$　　　　③ $k < -3,\ k > 1$

④ $k < -1,\ k > 3$　　　　⑤ $k < -1,\ k > 2$

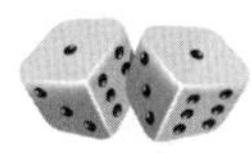

핵심예제 02

$x,\ y$가 실수일 때, $x^2 + y^2 \leq 1$이면 $x + y \leq a$가 성립하도록 상수 a값의 범위를 구하면?

① $a < -\sqrt{2}$　　　　② $a \leq -\sqrt{2}$　　　　③ $a > \sqrt{2}$

④ $a \geq \sqrt{2}$　　　　⑤ $a \geq \sqrt{3}$

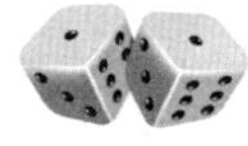 **핵심예제 03**

다음 그림의 빗금친 영역을 나타내는 부등식을 고르면?
(단, 경계선은 제외한다.)

① $\begin{cases} x - y + 1 > 0 \\ x^2 + y^2 < 1 \end{cases}$

② $\begin{cases} x - y + 1 < 0 \\ x^2 + y^2 < 1 \end{cases}$

③ $\begin{cases} x - y + 1 > 0 \\ x^2 + y^2 > 1 \end{cases}$

④ $\begin{cases} x - y + 1 > 0 \\ x^2 + y^2 < 0 \end{cases}$

⑤ $\begin{cases} x - y + 2 > 0 \\ x^2 + y^2 < 0 \end{cases}$

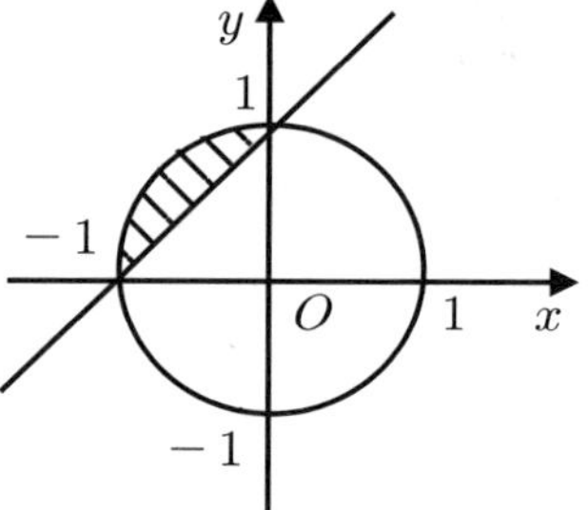

핵심예제 04

연립부등식 $\begin{cases} x^2 + y^2 - 2x - 4y - 4 \leq 0 \\ y > x + 1 \end{cases}$ 이 나타내는 영역의 넓이는?

① $\dfrac{5}{2}\pi$ 　　② $\dfrac{9}{2}\pi$ 　　③ 5π 　　④ 9π 　　⑤ 6π

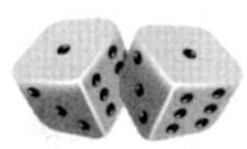

핵심예제 05

$x \geq 0$, $y \geq 0$, $x + y \leq 3$, $2x + y \leq 4$ 일 때, $3x + 2y$ 의 최댓값은?

① 3   ② 5   ③ 7   ④ 9   ⑤ 10

핵심예제 06

다음 표는 어떤 공장에서 제품 A, B를 1개 만드는데 필요한 두 종류의 원료 P, Q와 1개당 이익을 나타낸 것이다. 원료 P는 하루 200톤, 원료 Q는 하루 100톤까지 사용할 수 있다면 최대 이익은 얼마인가? (단, P, Q의 단위는 톤이고, 이익의 단위는 만원이다.)

	P	Q	이익
A	2	4	30
B	6	2	20

① 400만원   ② 500만원   ③ 800만원   ④ 900만원   ⑤ 1000만원

memo

 **memo**

memo

정답

맛있는 교재

정답 및 해설

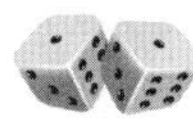 **핵심예제 01**

정답 ①

풀이

$2A - (B + C)$
$= 2A - B - C$
$= 2(x^2 - 2xy - y^2) - (x^2 - 2xy) - (5xy - 2y^2)$
$= x^2 - 7xy$

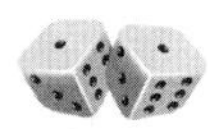 **핵심예제 02**

정답 ①

풀이

$(3A + B) - (A + 3B)$
$= 2A - 2B$
$= 2(2x^2 + xy - y^2) - 2(x^2 - 2xy + y^2)$
$= 2x^2 + 6xy - 4y^2$

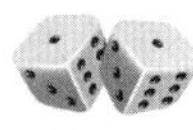 **핵심예제 03**

정답 ①

풀이

$(x^3 + x^2 - 2x + 3)$을 $(x + 2)$ 로 나누면
몫 $Q = x^2 - x$, 나머지 $R = 3$
$\therefore A = BQ + R = (x + 2)(x^2 - x) + 3$

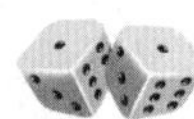 **핵심예제 04**

정답 ②

풀이

$(x^2 + 2x - 4)^3 (2x - 3)^4$ 을 전개했을 때, 계수들의 총합은 준 식에 $x = 1$ 을 대입한 것과 같으므로 -1

 **핵심예제 05**

정답 ①

풀이

$(x - 2y)(3x^2 - 4xy + y^2)$
$= 3x^3 - 10yx^2 + 9y^2x - 2y^3$
따라서 구하는 x^2 의 계수는 $-10y$

 **핵심예제 06**

정답 ⑤

풀이

$(1 + 2x + 3x^2 + 4x^3 + 5x^4)^2$ 의 전개식에서
x^6항은 $5x^4 \times 3x^2 = 15x^6$, $4x^3 \times 4x^3 = 16x^6$,
$3x^2 \times 5x^4 = 15x^6$이므로
x^6의 계수는 $15 + 16 + 15 = 46$

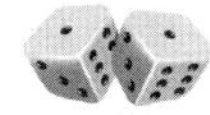 **핵심예제 01**

정답 ②

풀이

$x + y = 5, \ x^2 + y^2 = 21$
$\Rightarrow (x + y)^2 = x^2 + y^2 + 2xy \Rightarrow 25 = 21 + 2xy$
$\therefore xy = 2$
$\therefore x^3 + y^3 = (x + y)^3 - 3xy(x + y) = 95$

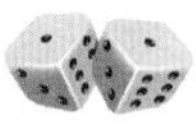 **핵심예제 02**

정답 ①

풀이

$x^2 + xy + y^2 = 10 \Rightarrow (x + y)^2 - xy = 10$이고
$x + y = 3$이므로 $xy = -1$
$\therefore x^3 + y^3 = (x + y)^3 - 3xy(x + y) = 36$

 **핵심예제 03**

정답 ④

풀이

$a+b=1,\ a^3+b^3=3$

$\Rightarrow (a+b)^3-3ab(a+b)=3$

$\therefore ab=-\dfrac{2}{3}$

$\therefore a^2+b^2=(a+b)^2-2ab=\dfrac{7}{3}$

 **핵심예제 04**

정답 ②

풀이

$a+b+c=1,\ a^2+b^2+c^2=3$이고

$(a+b+c)^2=a^2+b^2+c^2+2(ab+bc+ca)$

$\Rightarrow 1=3+2(ab+bc+ca)$

$\therefore ab+bc+ca=-1$

 **핵심예제 05**

정답 ③

풀이

직육면체의 밑면의 가로, 세로를 $a,\ b$ 높이를 c 라고 하면 모서리의 길이의 합이 88

$\Rightarrow 4(a+b+c)=88$

$\therefore a+b+c=22$

대각선의 길이가 14

$\Rightarrow \sqrt{a^2+b^2+c^2}$

$\therefore a^2+b^2+c^2=14^2$

$(a+b+c)^2=a^2+b^2+c^2+2(ab+bc+ca)$

$\Rightarrow 22^2=14^2+2(ab+bc+ca)$

$\therefore$ 겉넓이는 $2(ab+bc+ca)=288$

 **핵심예제 06**

정답 ③

풀이

$a+b+c=4,\ ab+bc+ca=9,\ abc=3$

$(ab+bc+ca)^2$

$=(ab)^2+(bc)^2+(ca)^2+2abc(a+b+c)$

$\Rightarrow 81=a^2b^2+b^2c^2+c^2a^2+24$

$\therefore a^2b^2+b^2c^2+c^2a^2=57$

 **핵심예제 07**

정답 ②

풀이

$a-b=2+\sqrt{3},\ b-c=2-\sqrt{3}$

$\Rightarrow a-c=4 \Rightarrow c-a=-4$이고

$a^2+b^2+c^2-ab-bc-ca$

$=\dfrac{1}{2}\{(a-b)^2+(b-c)^2+(c-a)^2\}$

$=\dfrac{1}{2}\{(2+\sqrt{3})^2+(2-\sqrt{3})^2+(-4)^2\}$

$=15$

핵심예제 08

정답 ④

풀이

실수 $a,\ b,\ c$에 대하여

$a^2+b^2+c^2=ab+bc+ca$이면

$a^2+b^2+c^2-ab-bc-ca=0$

$\dfrac{1}{2}\{(a-b)^2+(b-c)^2+(c-a)^2\}=0$

$\Rightarrow a=b=c \quad \therefore ab^2c^3=a^6$

$abc=2 \Rightarrow a^3=2$

$\therefore a^6=(a^3)^2=4$

$\therefore ab^2c^3=4$

핵심예제 09

정답 ③

풀이

실수 a, b, c에 대하여

$a^2 + b^2 + c^2 - ab + bc + ca \leq 0$이면

$a^2 + b^2 + c^2 - ab - bc - ca = 0$

$\dfrac{1}{2}\{(a-b)^2 + (b-c)^2 + (c-a)^2\} = 0$

$\therefore a = b = c$

 핵심예제 10

정답 ①

풀이

실수 a, b, c 에 대하여

$a^2 + b^2 + c^2 = 6,\ ab + bc + ca = 6$이면

$a^2 + b^2 + c^2 - ab - bc - ca = 0$

$\Rightarrow a = b = c$ 이고

$a^2 + b^2 + c^2 = 6 \Rightarrow 3a^2 = 6$

$\therefore a = \pm\sqrt{2}$

$\therefore abc = a^3 = \pm 2\sqrt{2}$

핵심예제 11

정답 ②

풀이

세 실수 a, b, c 가

$a^2 + b^2 + c^2 = 1,\ a + b + c = \sqrt{3}$

$(a+b+c)^2 = a^2 + b^2 + c^2 + 2(ab+bc+ca)$

$3 = 1 + 2(ab+bc+ca) \Rightarrow (ab+bc+ca) = 1$

따라서 $a^2 + b^2 + c^2 - ab - bc - ca = 0$

$\therefore a = b = c$

$a + b + c = \sqrt{3} \Rightarrow 3a = \sqrt{3}$

$\therefore a = \dfrac{1}{\sqrt{3}}$

따라서 $abc = a^3 = \dfrac{\sqrt{3}}{9}$

 핵심예제 12

정답 ④

풀이

$\dfrac{1}{a} + \dfrac{1}{b} + \dfrac{1}{c} = 1 \Rightarrow \dfrac{ab+bc+ca}{abc} = 1$

$\therefore ab + bc + ca = abc$이고,

$\quad a + b + c = -1$이므로

$(1-a)(1-b)(1-c)$

$= 1 - (a+b+c) + (ab+bc+ca) - abc$

$= 1 - (a+b+c) = 2$

Lec.03

핵심예제 01

정답 ③

풀이

$x^2 + 2x = t$ 로 치환하면

$(x^2 + 2x - 1)(x^2 + 2x - 2) - 2$

$= (t-1)(t-2) - 2 = t^2 - 3t = t(t-3)$

$= (x^2 + 2x)(x^2 + 2x - 3)$

$= x(x+2)(x-1)(x+3)$

핵심예제 02

정답 ⑤

풀이

$(x-1)(x+2)(x-3)(x+4) + 24$

$= (x^2 + x - 2)(x^2 + x - 12) + 24$

이 때, $x^2 + x = t$ 로 치환하면

$= (t-2)(t-12) + 24$

$\Rightarrow t^2 - 14t + 48 = (t-6)(t-8)$

$= (x^2 + x - 6)(x^2 + x - 8)$

$= (x-2)(x+3)(x^2 + x - 8)$

 **핵심예제 03**

정답 ①

풀이

$(x+1)(x+2)(x+3)(x+4)+k$

$(x^2+5x+4)(x^2+5x+6)+k$

이 때, $x^2+5x=t$ 로 치환하면

$= (t+4)(t+6)+k = t^2+10t+24+k$ 이므로

준 식이 완전제곱식이 되려면

$24+k=25$

$\therefore k=1$

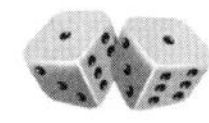 **핵심예제 04**

정답 ①

풀이

x^3-7x+6은 $x=1,\ x=2,\ x=-3$을 대입하면

0이 되고, x^3의 계수는 1이므로

$x^3-7x+6=(x-1)(x-2)(x+3)$

 **핵심예제 05**

정답 ②

풀이

$x^2-xy-6y^2-x+8y-2$를

x에 관해 정리하면

$= x^2-(y+1)x-(3y-1)(2y-2)$

$= (x+2y-2)(x-3y+1)$

$= (x+ay-2)(x+by+1)$

$\therefore a=2,\ b=-3 \qquad \therefore a+b=-1$

 **핵심예제 06**

정답 ②

풀이

$2x^2-5xy+2y^2+x+y-1$을

x에 관해 정리하면

$= 2x^2+(1-5y)x+2y^2+y-1$

$= 2x^2+(1-5y)x+(2y-1)(y+1)$

$= \{2x-(y+1)\}\{x-(2y-1)\}$

$= (2x-y-1)(x-2y+1)$

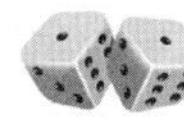 **핵심예제 07**

정답 ①

풀이

실수 a,b,c에 대하여

$a^2+b^2+c^2=ab+bc+ca$이면

$a^2+b^2+c^2-ab-bc-ca=0$

$\Rightarrow a=b=c$이므로

$a+b+c=\sqrt{3} \Rightarrow 3a=\sqrt{3}$

$\therefore a=\dfrac{1}{\sqrt{3}}$

$a^3+b^3+c^3-3abc$

$= (a+b+c)(a^2+b^2+c^2-ab-bc-ca)=0$

$\Rightarrow a^3+b^3+c^3=3abc=3a^3=\dfrac{\sqrt{3}}{3}$

 **핵심예제 08**

정답 ④

풀이

$a+b+c=0$일 때, $a^3+b^3+c^3=3abc$이므로

$\dfrac{a^3+b^3+c^3}{abc}=\dfrac{3abc}{abc}=3$

핵심예제 09

정답 ⑤

풀이

$a^3+b^3+c^3=3abc$ 이면

$a^3+b^3+c^3-3abc$

$= (a+b+c)(a^2+b^2+c^2-ab-bc-ca)=0$

이므로 $a+b+c=0\ \text{or}\ a=b=c$

이 때, a, b, c는 삼각형의 세 변이 길이로 양수
$\therefore a = b = c$
따라서 구하는 삼각형은 정삼각형

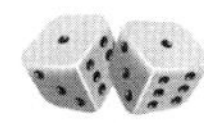 **핵심예제 10**

정답 ③

풀이

$a^4 + a^2 b^2 + b^4$
$= a^4 + 2a^2 b^2 + b^4 - a^2 b^2$
$= (a^2 + b^2)^2 - (ab)^2$
$= (a^2 + b^2 + ab)(a^2 + b^2 - ab)$
$= (a^2 + ab + b^2)(a^2 - ab + b^2)$

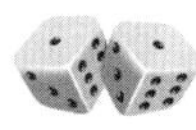 **핵심예제 11**

정답 ③

풀이

$a^2(b-c) + b^2(c-a) + c^2(a-b)$은
$a=b, b=c, c=a$를 대입하면
0이 되고 $a^2 b$의 계수는 1이므로
$a^2(b-c) + b^2(c-a) + c^2(a-b)$
$= (a-b)(c-b)(a-c)$

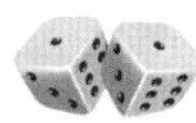 **핵심예제 12**

정답 ②

풀이

$xy(x-y) + yz(y-z) + zx(z-x)$ 은
$x=y, y=z, z=x$ 를 대입하면 0이 되고
$x^2 y$의 계수는 1이므로
$xy(x-y) + yz(y-z) + zx(z-x)$
$= k(x-y)(y-z)(z-x)$에서 $k=-1$

 **핵심예제 01**

정답 ③

풀이

$a(x-1) + b(x+1) = 2x - 6$
$\rightarrow (a+b)x + (-a+b) = 2x - 6$
이 때, 준 식은 x에 대한 항등식이므로
$a+b = 2, -a+b = -6$
$\begin{cases} a+b = 2 \\ -a+b = -6 \end{cases}$ 을 연립하여 풀면
$a = 4, b = -2$
$\therefore a + 2b = 0$

핵심예제 02

정답 ①

풀이

$a(x-1)(x+2) + bx(x-1) + cx(x+2)$
$= x^2 - 3x - 4$가 x에 대한 항등식이므로
양변의 x 대신 어떠한 값을 대입해도 성립한다.
양변에 $x = 0$을 대입하면
$-2a = -4 \Rightarrow a = 2$
양변에 $x = 1$을 대입하면
$3c = -6 \Rightarrow c = -2$
양변에 $x = -2$를 대입하면
$6b = 6 \Rightarrow b = 1$
$\therefore a^2 + b^2 + c^2 = 4 + 4 + 1 = 9$

핵심예제 03

정답 ③

풀이

$(x+1)(x^2 - 2)Q(x) = x^4 + px^2 + q$ 는
x에 대한 항등식이므로
양변에 $x = -1$을 대입하면

$1 + p + q = 0 \implies p + q = -1$

양변에 $x^2 = 2$를 대입하면

$4 + 2p + q = 0 \implies 2p + q = -4$

$\begin{cases} 2p + q = -4 \\ p + q = -1 \end{cases}$ 을 연립하여 풀면

$p = -3, \ q = 2$

$\therefore \ p^2 + q^2 = 9 + 4 = 13$

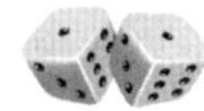 **핵심예제 04**

정답 ③

풀이

$x^3 + 2x^2 - 4$

$= a(x-1)^3 + b(x-1)^2 + c(x-1) + d$ 가

x에 관한 항등식이므로

양변에 $x = 1$을 대입하면

 $1 + 2 - 4 = d \implies d = -1$,

양변에 $x = 2$을 대입하면

$8 + 8 - 4 = a + b + c + d$

$\implies a + b + c + d = 12$ 이므로

$a + b + c = 12 - d = 13$이다.

$\therefore \ a + b + c - d = 13 - (-1) = 14$

→ 미정계수를 각각 구할 필요가 있을 때는
   최고차항을 비교하면 $a = 1$,
   양변에 $x = 1$을 대입하여 $d = -1$,
   양변에 $x = 0, \ 2$를 각각 대입하여 나온 식을
   연립하여 풀면 $b, \ c$를 구할 수 있다.

 **핵심예제 05**

정답 ③

풀이

$(a + b + 4)x + ab - 1 = 0$ 이 x에 관한 항등식

이므로 $a + b + 4 = 0 \implies a + b = -4$,

 $ab - 1 = 0 \implies ab = 1$

$\therefore \ a^2 + b^2 = (a+b)^2 - 2ab = 14$

 **핵심예제 06**

정답 ②

풀이

$x + y = 1 \implies y = 1 - x$ 을

준 식에 대입하여 x에 관해 정리하면

$ax^2 + bxy + cy^2 = 1$

$\implies ax^2 + bx(1-x) + c(1-x)^2 = 1$

$\implies (a - b + c)x^2 + (b - 2c)x + (c - 1) = 0$

이는 x에 관한 항등식 이므로

$a - b + c = 0, \ b - 2c = 0, \ c - 1 = 0$

$\therefore \ a = 1, b = 2, c = 1$

$\therefore \ a + b + c = 4$

Lec.05

핵심예제 01

정답 ②

풀이

$f(x)$를 $ax - b$로 나눌 때의

몫을 $Q(x)$, 나머지를 R이라 하면

$f(x) = (ax - b)Q(x) + R$

$\qquad = a\left(x - \dfrac{b}{a}\right)Q(x) + R$이므로

$f(x)$를 $x - \dfrac{b}{a}$로 나눈

몫은 $aQ(x)$이고 나머지는 R이다.

핵심예제 02

정답 ②

풀이

$f(x)$를 $x - 1$로 나눈 나머지는 3이므로

$f(1) = 3$

$g(x)$를 $x - 1$로 나눈 나머지가 4 이므로

$g(1) = 4$

이 때,

$3f(x) + 2g(x)$ 를 $x - 1$ 로 나눈 나머지는

$3f(1) + 2g(1)$ 이므로 $3 \times 3 + 2 \times 4 = 17$ 이다.

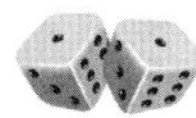 **핵심예제 03**

정답 ③

풀이

$f(x) = x^3 + 2x^2 - 4x + k$ 가

$x - 1$ 로 나누어떨어지므로 (나머지가 0)

$f(1) = 0 \implies k - 1 = 0$

$\therefore k = 1$

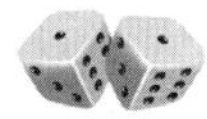 **핵심예제 04**

정답 ④

풀이

$x^3 + ax^2 + bx - 2$ 를

$x - 1$ 로 나누면 떨어지고,

$x + 1$ 로 나누면 2 가 남으므로

준 식을 $f(x)$ 라고 하면

$f(1) = 0 \implies a + b = 1,$

$f(-1) = 2 \implies a - b = 5$

$\begin{cases} a + b = 1 \\ a - b = 5 \end{cases}$ 를 연립하여 풀면

$a = 3, \ b = -2$

따라서 $f(x) = x^3 + 3x^2 - 2x - 2$ 를

$x - 2$ 로 나눈 나머지는 $f(2) = 14$

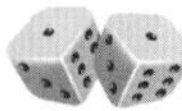 **핵심예제 05**

정답 ③

풀이

$f(x)$ 를 $x - 2$ 로 나눈 나머지는 2 이고,

$x - 5$ 로 나눈 나머지는 8 이므로

$f(2) = 2, \ f(5) = 8$ 이다.

$f(x)$ 를 $(x - 2)(x - 5)$ 로 나눈 나머지를

$R(x) = ax + b$ 라고 하면

$f(x) = (x - 2)(x - 5) Q(x) + ax + b$

$f(2) = 2a + b = 2, \ f(5) = 5a + b = 8$ 에서

$\begin{cases} 5a + b = 8 \\ 2a + b = 2 \end{cases}$ 를 연립하여 풀면

$a = 2, \ b = -2$

따라서 $R(x) = ax + b = 2x - 2$

$\therefore R(3) = 4$

핵심예제 06

정답 ①

풀이

$x^3 + ax^2 + bx - 2$ 가 $(x + 2)(x + 1)$ 로 나누어

떨어지므로 준 식은 $x + 2$ 로도 나누어떨어지고,

$x + 1$ 로도 나누어떨어진다.

준 식을 $f(x)$ 라고 하면

$f(-2) = 0$

$\implies -8 + 4a - 2b - 2 = 0 \implies 4a - 2b = 10$

$f(-1) = 0$

$\implies -1 + a - b - 2 = 0 \implies a - b = 3$ 이

성립한다.

$\begin{cases} 4a - 2b = 10 \\ a - b = 3 \end{cases}$ 을 연립하여 풀면

$a = 2, \ b = -1$ 이다.

$\therefore ab = -2$

Lec.06

 **핵심예제 01**

정답 ③

풀이

$i + 2i^2 + 3i^3 + 4i^4$

$= i - 2 - 3i + 4 = 2 - 2i$

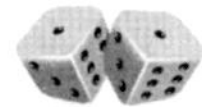 **핵심예제 02**

정답 ③

풀이

i 에 붙어있는 지수가 연속적인 4개 항의 합은 0이므로 $1+i+i^2+\cdots+i^{43}$ 의 뒤에서부터 40개 항의 합을 지워도 값은 같다.

$$\therefore 1+i+i^2+\cdots+i^{43}$$
$$=1+i+i^2+i^3=1+i-1-i=0$$

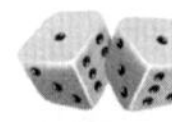 **핵심예제 03**

정답 ③

풀이

$$(1+i)^4-(1-i)^4$$
$$=\{(1+i)^2\}^2-\{(1-i)^2\}^2$$
$$=(2i)^2-(-2i)^2=4i^2-4i^2=0$$

 **핵심예제 04**

정답 ③

풀이

$$z=\frac{1+i}{\sqrt{2}}\ \Rightarrow z^2=i$$
$$\therefore z^{100}=(z^2)^{50}=i^{50}=i^2=-1$$
$$\therefore z^{100}+\frac{1}{z^{100}}=-1+\frac{1}{-1}=-2$$

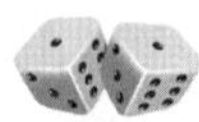 **핵심예제 05**

정답 ④

풀이

$$\left(\frac{1-i}{\sqrt{2}}\right)^2=-i\ \text{이므로}$$
$$x^{10}=\left(\frac{1-i}{\sqrt{2}}\right)^{10}=\left\{\left(\frac{1-i}{\sqrt{2}}\right)^2\right\}^5$$
$$=(-i)^5=-i^5=-i\ \text{이다.}$$

따라서,
$$f\left(\frac{1-i}{\sqrt{2}}\right)$$
$$=-i+\frac{1}{-i}=-i-\frac{1}{i}=-i+i=0$$

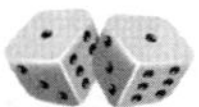 **핵심예제 06**

정답 ②

풀이

$$(1+i)^4(1-i)^5$$
$$=(1+i)^4(1-i)^4(1-i)$$
$$=\{(1+i)(1-i)\}^4(1-i)$$
$$=(2i)^4(1-i)=16-16i\ \text{이므로}$$
$$a+bi=16-16i\ \text{에서}$$
$$a=16,\ b=-16(\because a,\ b\ \text{는 실수})$$
$$\therefore\ a+b=0$$

 **핵심예제 07**

정답 ②

풀이

복소수 $z=a+bi\,(a,b\ \text{는 실수})$로 놓으면
$$(2+i)z+3i\,\overline{z}=2+6i$$
$$\Rightarrow(2+i)(a+bi)+3i(a-bi)-2-6i=0$$
$$=(4a+2b-6)+(2a+2b-2)i=0$$
복소수 상등에 의해
$$4a+2b-6=0,\ 2a+2b-2=0\text{이고}$$
이를 연립하여 풀면
$$a=2,\ b=-1\ \Rightarrow z=2-i,\ \overline{z}=2+i$$
$$\therefore z\overline{z}=5$$

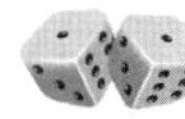 **핵심예제 08**

정답 ⑤

풀이

복소수 $z=a+bi\,(a,b\ \text{는 실수})$로 놓으면

$(2-i)z+4i\,\overline{z}=-1+4i$

$\Rightarrow (2-i)(a+bi)+4i\,(a-bi)=-1+4i$

$=(2a+5b)+(3a+2b)i=-1+4i$

복소수 상등에 의해

$2a+5b=-1,\ 3a+2b=4$

이를 연립하여 풀면

$a=2,\ b=-1 \Rightarrow z=2-i \qquad \therefore z^2=3-4i$

 **핵심예제 09**

정답 ④

풀이

실수 a에 대하여 복소수 $a(1+i)-3(1-i)$를 제곱한 것이 음의 실수이므로

$a(1+i)-3(1-i)$는 순허수이다.

따라서

$a(1+i)-3(1-i)=(a-3)+(a+3)i$에서

$a-3=0,\ a+3\neq 0 \qquad \therefore a=3$

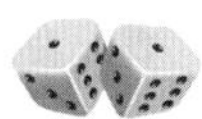 **핵심예제 10**

정답 ①

풀이

0이 아닌 복소수

$z=(i-2)x^2-3xi-4i+32$

$\Rightarrow (-2x^2+32)+(x^2-3x-4)i$ 가

$z+\overline{z}=0$ 를 만족시키므로

$-2x^2=16$

$\therefore x=\pm 4,\ x^2-3x-4=(x+1)(x-4)\neq 0$

이를 모두 만족시키는 실수 $x=-4$

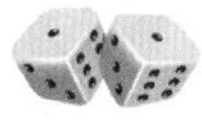 **핵심예제 11**

정답 ④

풀이

$z=3+i$ 의 켤레복소수를 $\overline{z}$ 라 할 때,

$z^2+(\overline{z})^2=(z+\overline{z})^2-2z\overline{z}=36-20=16$

 **핵심예제 12**

정답 ④

풀이

$z=1+i$ 일 때,

$\dfrac{z-1}{z}+\dfrac{\overline{z}-1}{\overline{z}}$

$=\dfrac{\overline{z}(z-1)+z(\overline{z}-1)}{z\overline{z}}$

$=\dfrac{2z\overline{z}-(z+\overline{z})}{z\overline{z}}=\dfrac{4-2}{2}=2$

Lec.07

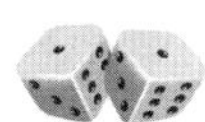 **핵심예제 01**

정답 ②

풀이

x에 대한 이차방정식

$x^2-2(k+1)x+k^2-1=0$ 이 중근을 가지므로

판별식 $D/4=(k+1)^2-(k^2-1)=0$

$\Rightarrow 2k+2=0 \qquad \therefore k=-1$

핵심예제 02

정답 ②

풀이

x에 대한 이차방정식

$4x^2+2(2k+m)x+k^2-k+n=0$ 이

실수 k값에 관계없이 중근을 가지므로

판별식 $D/4=(2k+m)^2-4(k^2-k+n)=0$

$\Rightarrow 4km+4k+m^2-4n=0$ 을 k에 관하여 정리

하면 $(4m+4)k+(m^2-4n)=0$

실수 k값에 관계없이 성립하므로 k에 관한 항

등식이 된다.

따라서

$$4m + 4 = 0 \Rightarrow m = -1,$$
$$m^2 - 4n = 0 \Rightarrow 1 - 4n = 0 \Rightarrow 4n = 1$$
$$\therefore \ m + 4n = 0$$

 **핵심예제 03**

정답 ④

풀이

$x^2 + 2kx + 4 = 0$ 의 판별식 $D/4 = k^2 - 4 \geq 0$
$$\Rightarrow k \leq -2, \ k \geq 2$$
$x^2 + kx + k = 0$ 의

판별식 $D = k^2 - 4k \geq 0$
$$\Rightarrow k(k-4) \geq 0 \Rightarrow k \leq 0, \ k \geq 4$$
이를 모두 만족하는 상수 k의 범위는
$$k \leq -2, \ 4 \leq k$$

 **핵심예제 04**

정답 ④

풀이

$x^2 - 5x + k = 0$ 의

판별식 $D = 25 - 4k < 0 \Rightarrow k > \dfrac{25}{4}$

이를 만족하는 정수 k의 최솟값은 7

 **핵심예제 05**

정답 ②

풀이

$x^2 + 2kx + 4 = 0$ 의

판별식 $D_1/4 = k^2 - 4 < 0 \Rightarrow -2 < k < 2$
$x^2 + kx + k = 0$ 의

판별식 $D_2 = k^2 - 4k < 0 \Rightarrow 0 < k < 4$
이를 모두 만족하는 실수 k의 범위는
$$0 < k < 2$$

 **핵심예제 06**

정답 ③

풀이

x에 대한 이차방정식
$$x^2 + 3(1+i)x + (p+3i) = 0 \ 은$$
실계수 이차방정식이 아니므로 판별식을 쓸 수 없다. 따라서, 실근을 가진다는 것은 x가 실수라는 점을 착안하여 복소수상등을 이용하여 푼다.
$$x^2 + 3(1+i)x + (p+3i) = 0$$
$$\Rightarrow (x^2 + 3x + p) + (3x + 3)i = 0$$
복소수 상등에 의해,
$$x^2 + 3x + p = 0, \ 3x + 3 = 0 \ 이다.$$
따라서 $x = -1 \Rightarrow 1 - 3 + p = 0$
$$\therefore \ p = 2$$

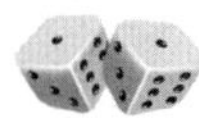 **핵심예제 07**

정답 ④

풀이

$\alpha, \ \beta$는 $x^2 - 3x + 1 = 0$ 의 두 근이므로
근과 계수와의 관계에 의해
$$\alpha + \beta = 3, \ \alpha\beta = 1$$
$$\therefore \ \frac{1}{\alpha^3} + \frac{1}{\beta^3}$$
$$= \frac{\alpha^3 + \beta^3}{(\alpha\beta)^3} = \frac{(\alpha+\beta)^3 - 3\alpha\beta(\alpha+\beta)}{(\alpha\beta)^3}$$
$$= 3^3 - 9 = 18$$

 **핵심예제 08**

정답 ③

풀이

$\alpha, \ \beta$는 $x^2 + 2x - 3 = 0$ 의 두 근이므로
근과 계수와의 관계에 의해
$$\alpha + \beta = -2, \ \alpha\beta = -3$$
$$\Rightarrow \alpha^2 + \beta^2 = (\alpha+\beta)^2 - 2\alpha\beta = 10$$

$$\therefore \frac{\beta}{\alpha+1}+\frac{\alpha}{\beta+1}$$

$$=\frac{\alpha^2+\beta^2+\alpha+\beta}{\alpha\beta+\alpha+\beta+1}=\frac{8}{-4}=-2$$

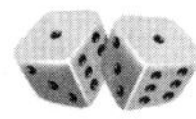 **핵심예제 09**

정답 ④

풀이

두 근을 $\alpha-1$, $\alpha+1$로 놓으면,
근과 계수와의의 관계에 의해
두 근의 합 $2\alpha=k$,
두 근의 곱 $(\alpha-1)(\alpha+1)=\alpha^2-1=k+7$
$\therefore \alpha^2-2\alpha-8=0$
$\Rightarrow (\alpha-4)(\alpha+2)=0$ 에서 $\alpha=4,\ -2$
이 때, $k=8,\ -4$
$\therefore k$ 값의 합 $=4$

 **핵심예제 10**

정답 ②

풀이

두 근을 α, 3α로 놓으면,
근과 계수와의 관계에 의해
두 근의 합 $4\alpha=1-k$,
두 근의 곱 $3\alpha^2=-k$ 이므로
$3\alpha^2-4\alpha+1=0$
$\Rightarrow (3\alpha-1)(\alpha-1)=0$
$\Rightarrow \alpha=\dfrac{1}{3},\ 1$
$\therefore k=-\dfrac{1}{3},\ -3$ 이므로,

보기 중에서 알맞은 k 의 값은 $-\dfrac{1}{3}$

 **핵심예제 11**

정답 ④

풀이

실계수 이차방정식 $2x^2-ax+b=0$ 의 한 근이
$2+3i$ 이므로 다른 한 근은 $2-3i$ 이고, 근과
계수와의 관계에 의해
두 근의 합 $\dfrac{a}{2}=4$, 두 근의 곱 $\dfrac{b}{2}=13$ 에서
$a=8,\ b=26$
$\therefore a+b=34$

 **핵심예제 12**

정답 ③

풀이

유리계수 이차방정식 $x^2+ax+b=0$ 의 한 근
이 $1+\sqrt{5}$ 이므로 다른 한 근은 $1-\sqrt{5}$ 이고,
근과 계수와의 관계에 의해
두 근의 합 $-a=2$, 두 근의 곱 $b=-4$
$\therefore a^2+b^2=20$

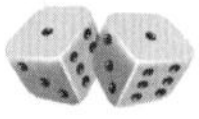 **핵심예제 13**

정답 ②

풀이

근과 계수와의 관계에 의해 $\alpha+\beta=2$, $\alpha\beta=5$
$\therefore \alpha+1$, $\beta+1$을 두 근으로 하는 이차방정식
의 두 근의 합 $\alpha+\beta+2=4$, 두 근의 곱
$(\alpha+1)(\beta+1)=\alpha\beta+\alpha+\beta+1=8$ 이므로
$\alpha+1$, $\beta+1$을 두 근으로 하는 x 의 이차방정
식은 $x^2-($두 근의 합$)x+($두 근의 곱$)=0$
$\Rightarrow x^2-4x+8=0$

핵심예제 14

정답 ④

풀이

근과 계수와의 관계에 의해 $\alpha+\beta=1$, $\alpha\beta=1$
이므로 $\alpha+\dfrac{1}{\alpha}$, $\beta+\dfrac{1}{\beta}$ 을 두 근으로 하는

x의 이차방정식의 두 근의 합

$$\alpha+\beta+\frac{1}{\alpha}+\frac{1}{\beta}=\alpha+\beta+\frac{\alpha+\beta}{\alpha\beta}=2,$$

두 근의 곱

$$\left(\alpha+\frac{1}{\alpha}\right)\left(\beta+\frac{1}{\beta}\right)=\alpha\beta+\frac{1}{\alpha\beta}+\frac{\beta}{\alpha}+\frac{\alpha}{\beta}$$

$$=\alpha^2+\beta^2+2=(\alpha+\beta)^2-2\alpha\beta+2=1$$

$$\therefore \alpha+\frac{1}{\alpha}\ ,\ \beta+\frac{1}{\beta}\ \text{을 두 근으로 하는 } x\text{의}$$

이차방정식은 $x^2-(\text{두 근의 합})x+(\text{두 근의 곱})$

$=0 \Rightarrow x^2-2x+1=0$

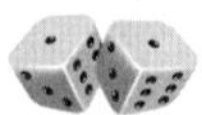 **핵심예제 15**

정답 ④

풀이

$$\sqrt{2+\sqrt{3}}$$

$$=\sqrt{\frac{4+2\sqrt{3}}{2}}=\frac{\sqrt{4+2\sqrt{3}}}{\sqrt{2}}$$

$$=\frac{\sqrt{3}+1}{\sqrt{2}}=\frac{\sqrt{6}+\sqrt{2}}{2}$$

$$\sqrt{2-\sqrt{3}}$$

$$=\sqrt{\frac{4-2\sqrt{3}}{2}}=\frac{\sqrt{4-2\sqrt{3}}}{\sqrt{2}}$$

$$=\frac{\sqrt{3}-1}{\sqrt{2}}=\frac{\sqrt{6}-\sqrt{2}}{2}\ \text{이므로}$$

$\sqrt{2+\sqrt{3}}\ ,\ \sqrt{2-\sqrt{3}}$ 을 두 근으로 갖는
이차방정식의

두 근의 합 $\sqrt{2+\sqrt{3}}+\sqrt{2-\sqrt{3}}=\sqrt{6}$

두 근의 곱 $\sqrt{2+\sqrt{3}}\times\sqrt{2-\sqrt{3}}=1$

$\therefore \sqrt{2+\sqrt{3}}\ ,\ \sqrt{2-\sqrt{3}}$ 을
두 근으로 갖는 이차방정식은

$x^2-(\text{두 근의 합})x+(\text{두 근의 곱})=0$

$\Rightarrow x^2-\sqrt{6}\,x+1=0$

 **핵심예제 16**

정답 ④

풀이

근과 계수와의 관계에 의해

$\alpha+\beta=-4,\ \alpha\beta=2$ 이므로

$\dfrac{1}{\alpha}\ ,\ \dfrac{1}{\beta}$ 을 두 근으로 하는 이차방정식의

두 근의 합 $\dfrac{1}{\alpha}+\dfrac{1}{\beta}=\dfrac{\alpha+\beta}{\alpha\beta}=-2$,

두 근의 곱 $\dfrac{1}{\alpha}\times\dfrac{1}{\beta}=\dfrac{1}{2}$

$\therefore \dfrac{1}{\alpha}\ ,\ \dfrac{1}{\beta}$ 을 두 근으로 하는 이차방정식은

$x^2-(\text{두 근의 합})x+(\text{두 근의 곱})=0$

$\Rightarrow x^2+2x+\dfrac{1}{2}=0 \Rightarrow 2x^2+4x+1=0$

→ 역수근의 방정식 → 계수의 순서를 바꾼다.

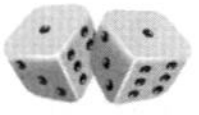 **핵심예제 17**

정답 ①

풀이

근과 계수와의 관계에 의해

$\alpha+\beta=5,\ \alpha\beta=2$ 이므로

$-\alpha+(-\beta)=-(\alpha+\beta)=-5,$

$(-\alpha)(-\beta)=\alpha\beta=2$

$\therefore -\alpha,\ -\beta$ 를 두 근으로 하는 이차방정식은

$x^2+5x+2=0$

→ 반수근의 방정식 → 계수의 부호를 놔두고, 부호바
  꾸고, 놔두고, …

핵심예제 18

정답 ③

풀이

$x^2-(k-4)x+1=0$ 의 두 근이 모두 양수이
므로 판별식 $D\geq0$ 에서

$(k-4)^2-4\geq0 \Rightarrow k^2-8k+12\geq0$

$\Rightarrow (k-2)(k-6) \geq 0 \Rightarrow k \leq 2,\ k \geq 6$

이 방정식의 두 근을 $\alpha,\ \beta$라 하면

$\alpha + \beta > 0,\ \alpha\beta > 0$에서 $k-4 > 0 \Rightarrow k > 4$

이를 모두 만족하는 실수 k값의 범위는 $k \geq 6$

 **핵심예제 19**

정답 ③

풀이

$x^2 + 2kx - k + 2 = 0$의 두 근이 모두 음수이므로 판별식 $D \geq 0$에서

$k^2 + k - 2 \geq 0$

$\Rightarrow (k+2)(k-1) \geq 0 \Rightarrow k \leq -2,\ k \geq 1$

이 때,

이 방정식의 (두 근의 합) < 0, (두 근의 곱) > 0 이므로 $-2k < 0 \Rightarrow k > 0$, $-k+2 > 0$

$\Rightarrow k < 2$

이를 모두 만족하는 실수 k값의 범위는

$1 \leq k < 2$

$\therefore \alpha + \beta = 3$

 **핵심예제 20**

정답 ③

풀이

이차방정식 $x^2 + 2(k-1)x + 3 - k = 0$의 두 근이 서로 다른 부호이므로 두 근의 곱 $3 - k < 0 \Rightarrow k > 3$

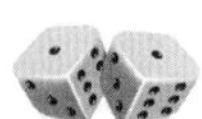 **핵심예제 21**

정답 ①

풀이

$x^2 + (a^2 - 4a + 3)x - a + 2 = 0$의 두 근을 $\alpha,\ \beta\ (a < \beta)$라고 할 때,

이 방정식이 서로 다른 부호의 두 실근을 가지므로 $\alpha\beta < 0 \Rightarrow -a + 2 < 0 \Rightarrow a > 2$

이 때, 음근의 절댓값이 양근보다 크므로

$\alpha + \beta < 0$

$\Rightarrow -(a^2 - 4a + 3) < 0$

$\Rightarrow (a-1)(a-3) > 0 \Rightarrow a < 1,\ a > 3$

이를 모두 만족하는 실수 a값의 범위는 $a > 3$

핵심예제 22

정답 ③

풀이

두 이차방정식 $\begin{cases} x^2 - (k-3)x + 5k = 0 \\ x^2 + (k+2)x - 5k = 0 \end{cases}$의

공통근을 α로 놓으면

$\begin{cases} \alpha^2 - (k-3)\alpha + 5k = 0 \\ \alpha^2 + (k+2)\alpha - 5k = 0 \end{cases}$ 이 성립하고,

변변 더해서 상수항을 소거하면

$2\alpha^2 + 5\alpha = 0$

$\Rightarrow \alpha(2\alpha + 5) = 0 \Rightarrow \alpha = 0,\ -\dfrac{5}{2}$

이를 준 식에 대입하면 $k = 0,\ \dfrac{1}{6}$

$\therefore k$ 값의 합은 $\dfrac{1}{6}$

핵심예제 23

정답 ③

풀이

두 방정식 $x^2 + ax - 4 = 0$과 $x^2 - 4x + a = 0$의 공통근을 α로 놓으면

$\begin{cases} \alpha^2 + a\alpha - 4 = 0 \\ \alpha^2 - 4\alpha + a = 0 \end{cases}$ 이 성립하고,

변변 빼서 이차항을 소거하면

$(a+4)\alpha - (a+4) = 0 \Rightarrow (a+4)(\alpha - 1) = 0$

$\therefore a = -4$ 또는 $\alpha = 1$

$\alpha = 1 \Rightarrow a = 3$이므로 $a = -4,\ 3$

이 때, $a = -4$이면 두 이차방정식이 일치하게 되어 공통근은 2개가 된다.

따라서 오직 한 개의 공통근을 가지려면 $a = 3$

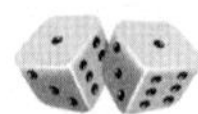 **핵심예제 01**

정답 ③

풀이

$y = x^2 - a$ 와 $y = bx$ 가 두 점에서 만나면

$x^2 - a = bx \Rightarrow x^2 - bx - a = 0$ 에서

한 근이 $\sqrt{5} + 1$ 즉, $1 + \sqrt{5}$ 이면 다른 근은

$1 - \sqrt{5}$ 가 된다.

따라서, 근과 계수와의 관계에 의해

$a = 4,\ b = 2$

$\therefore\ a + b = 3$

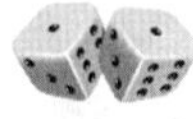 **핵심예제 02**

정답 ③

풀이

$x^2 + 2ax + a = 2x + 1$

$\Rightarrow x^2 + 2(a-1)x + a - 1 = 0$ 에서

$D/4 > 0$ 이므로

$(a-1)^2 - (a-1) > 0 \Rightarrow (a-1)(a-2) > 0$

따라서 a 의 범위는 $a < 1,\ a > 2$

$\therefore$ 자연수 a 의 최솟값은 3

 **핵심예제 03**

정답 ④

풀이

$x^2 + ax + 4 = 0$ 에서

$D < 0 \Rightarrow a^2 - 16 < 0$

$\therefore\ -4 < a < 4$

 **핵심예제 04**

정답 ③

풀이

이차부등식 $x^2 - (k-4)x + 1 \geq 0$ 이 모든 실수 x 에 대하여 성립하려면

$x^2 - (k-4)x + 1 = 0$ 의 $D \leq 0$

$\Rightarrow (k-4)^2 - 4 \leq 0$

$\Rightarrow (k-6)(k-2) \leq 0 \Rightarrow 2 \leq k \leq 6$

$\therefore\ k$ 의 최댓값은 6

핵심예제 05

정답 ④

풀이

포물선 $y = (x-1)^2 + 1$ 이

직선 $mx - y - 2 = 0$ 즉, $y = mx - 2$ 보다 항상 위쪽에 있으려면 $(x-1)^2 + 1 > mx - 2$

$\Rightarrow x^2 - (m+2)x + 4 > 0$ 가 모든 실수 x 에 대하여 성립해야 하므로

$x^2 - (m+2)x + 4 = 0$ 의

판별식 $D < 0 \Rightarrow (m+2)^2 - 16 < 0$

$\Rightarrow (m+6)(m-2) < 0 \Rightarrow -6 < m < 2$

$\therefore$ 이를 만족하는 정수 m 의 개수는

$2 - (-6) - 1 = 7$

핵심예제 06

정답 ④

풀이

모든 실수 x 에 대하여

$mx^2 - mx + 1 > 0$ 이 성립할 때

ⅰ) $m \neq 0$ 일 때,

　　$mx^2 - mx + 1 = 0$ 의 판별식 $D < 0$ 이므로

　　$m^2 - 4m < 0$

　　$\Rightarrow m(m-4) < 0 \Rightarrow 0 < m < 4$ 이고

ⅱ) $m = 0$ 일 때,

　　$mx^2 - mx + 1 > 0 \Rightarrow 1 > 0$ 이므로 성립

ⅰ), ⅱ)에 의해

구하는 m의 범위는 $0 \leq m < 4$이다.

$\therefore$ 정수 m의 개수는 4

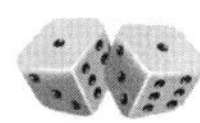 **핵심예제 07**

정답 ①

풀이

정의역이 $\{x \mid 0 \leq x \leq 3\}$일 때,

$y = (x-2)(x+1)$의 꼭짓점의 x좌표는

두 x절편 -1과 2의 중점인 $\dfrac{1}{2}$이므로

$x = \dfrac{1}{2}$일 때 최솟값 $m = -\dfrac{9}{4}$,

$x = 3$일 때 최댓값 $M = 4$

$\therefore M \times m = -9$

 **핵심예제 08**

정답 ③

풀이

두 함수

$f(x) = 2x^2 - 4x$, $g(x) = x^2 - 4x + 1$에 대하여

$f(x) = 2x^2 - 4x = X$로 치환하면,

$(g \circ f)(x) = g(X) = X^2 - 4X + 1$

이 때, $f(x) = 2x^2 - 4x$는

꼭짓점의 x좌표가 1이므로

$-1 \leq x \leq 2$에서 최솟값은 $f(1) = -2$, 최댓

값은 $f(-1) = 6$

$\Rightarrow -2 \leq X \leq 6$ 성립

$g(X)$의 꼭짓점의 X좌표는 2이므로

$-2 \leq X \leq 6$에서 최솟값 $m = g(2) = -3$,

최댓값 $M = g(6) = 13$이다.

$\therefore M + m = 10$

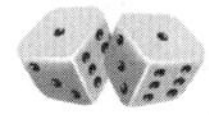 **핵심예제 09**

정답 ②

풀이

x, y가 실수이고, $x^2 + y^2 = 4$일 때,

$y^2 = -x^2 + 4$인데 실수 y에 대하여

$y^2 \geq 0$이므로 $-x^2 + 4 \geq 0 \Rightarrow x^2 - 4 \leq 0$

$\Rightarrow x^2 \leq 4 \Rightarrow -2 \leq x \leq 2$이다.

이 때, $4x + y^2 \Rightarrow -x^2 + 4x + 4$의 꼭짓점의 x좌

표는 2이므로 $-x^2 + 4x + 4$는 $x = -2$일 때가

최솟값 -8, $x = 2$일 때가 최댓값 8이 된다.

$\therefore$ 최댓값과 최솟값의 합은 0

 **핵심예제 10**

정답 ④

풀이

x의 이차함수 $y = x^2 - 2mx + 4m - 1$의 최솟

값을 l이라 할 때, $y = x^2 - 2mx + 4m - 1$의

그래프는 아래로 볼록하고 꼭짓점의 x좌표는

m이므로 이 함수의 최솟값 $l = -m^2 + 4m - 1$

이고, 꼭짓점의 m좌표는 2이다.

$\therefore l$의 최댓값은 3

핵심예제 11

정답 ①

풀이

이차방정식 $x^2 + 2mx - 4m + 5 = 0$의

두 실근을 α, β라 할 때,

판별식 $D/4 \geq 0$

$\Rightarrow m^2 + 4m - 5 \geq 0 \Rightarrow (m+5)(m-1) \geq 0$

$\therefore m \leq -5$, $m \geq 1$

이 때, 근과 계수와의 관계에 의해

$\alpha + \beta = -2m$, $\alpha\beta = -4m + 5$

$\therefore \alpha^2 + \beta^2 = (\alpha + \beta)^2 - 2\alpha\beta$

$4m^2 - 2(-4m + 5) \Rightarrow 4m^2 + 8m - 10$에서

꼭짓점의 m좌표는 -1이고,

m의 범위는 $m \leq -5$, $m \geq 1$이므로

$m = 1$일 때 $4m^2 + 8m - 10$은 최솟값을 가진다.

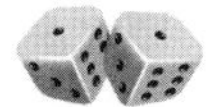 **핵심예제 12**

정답 ②

풀이

$y = \dfrac{2x}{x^2+1}$ 을 x 에 관해 정리하면

$y = \dfrac{2x}{x^2+1} \Rightarrow yx^2 + y = 2x \Rightarrow yx^2 - 2x + y = 0$

$x,\ y$ 는 실수이므로 유도된 x 에 관한 방정식은
실계수 이차방정식이며 실근을 갖는다.

따라서 판별식 $D/4 \geq 0$

$\Rightarrow 1 - y^2 \geq 0 \Rightarrow y^2 \leq 1 \Rightarrow -1 \leq y \leq 1$

$\therefore y$ 의 최댓값 $M = 1$, 최솟값 $m = -1$

$\therefore M - m = 2$

Lec.09

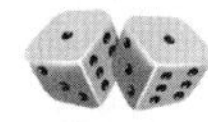 **핵심예제 01**

정답 ③

풀이

삼차방정식 $x^3 - px + 6 = 0$ 의 한 근이 -3 이
므로 $-27 + 3p + 6 = 0 \Rightarrow p = 7$

이 방정식의 다른 두 근은 $\alpha,\ \beta$ 라 할 때,
근과 계수와의 관계에 의해

세 근의 합 $\alpha + \beta - 3 = 0 \Rightarrow \alpha + \beta = 3$

$\therefore p + \alpha + \beta = 10$

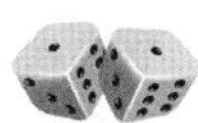 **핵심예제 02**

정답 ②

풀이

삼차방정식 $x^3 - px + 2 = 0$ 의 세 근을 $\alpha,\ \beta,$
γ 라 할 때, 근과 계수와의 관계에 의해 세 근의
합 $\alpha + \beta + \gamma = 0$

$\Rightarrow \alpha + \beta = -\gamma,\ \beta + \gamma = -\alpha,\ \gamma + \alpha = -\beta$

이므로

$\dfrac{\beta + \gamma}{\alpha} + \dfrac{\gamma + \alpha}{\beta} + \dfrac{\alpha + \beta}{\gamma} = -1 - 1 - 1 = -3$

→ 분모, 분자의 합이 0인 분수의 값은 -1 이다.

핵심예제 03

정답 ③

풀이

삼차방정식 $x^3 - 5x - 2 = 0$ 의 세 근을 $\alpha,\ \beta,$
γ 라 할 때, 근과 계수와의 관계에 의해
$\alpha + \beta + \gamma = 0$, $\alpha\beta\gamma = 2$ 이다.

$\alpha + \beta + \gamma = 0$ 일 때, $\alpha^3 + \beta^3 + \gamma^3 = 3\alpha\beta\gamma = 6$

→ $\alpha^3 + \beta^3 + \gamma^3 - 3\alpha\beta\gamma = (\alpha + \beta + \gamma)(\cdots)$

 **핵심예제 04**

정답 ④

풀이

실수계수 삼차방정식 $x^3 - x^2 + ax + b = 0$ 의
한 근이 $2 + i$ 일 때, 다른 한 근은 $2 - i$ 이다.
나머지 한 근을 α로 놓으면

$(2+i) + (2-i) + \alpha = 4 + \alpha = 1 \Rightarrow \alpha = -3,$

$(2+i)(2-i) + (2+i)\alpha + (2-i)\alpha$

$= 5 + 4\alpha = -7 = a \Rightarrow a = -7,$

$(2+i)(2-i)\alpha = -15 = -b \Rightarrow b = 15$

$\therefore a + b = 8$

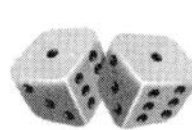 **핵심예제 05**

정답 ①

풀이

실계수 삼차방정식 $x^3 + ax^2 + bx - 2 = 0$ 의 한
근이 $1 - i$ 일 때, 다른 한 근은 $1 + i$ 이다.
나머지 한 근을 α로 놓으면

근과 계수와의 관계에 의해

세 근의 곱

$(1+i)(1-i)\alpha = 2\alpha = 2 \Rightarrow \alpha = 1,$

세 근의 합
$(1+i)+(1-i)+\alpha = 3 = -a \Rightarrow a = -3$,
한 근이 1 이므로 준식에 대입하면
$a+b=1$ 에서 $b=4$
$\therefore ab = -12$

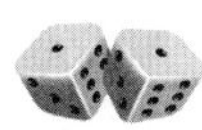 **핵심예제 06**

정답 ②

풀이

유리계수 삼차방정식 $x^3 + ax - b = 0$ 의 한 근이 $1+\sqrt{2}$ 일 때 다른 한 근은 $1-\sqrt{2}$ 이므로 나머지 한 근을 α 로 놓으면
근과 계수와의 관계에 의해
세 근의 합
$(1+\sqrt{2})+(1-\sqrt{2})+\alpha = 2+\alpha = 0$
$\Rightarrow \alpha = -2$
세 근의 곱
$(1+\sqrt{2})(1-\sqrt{2})\alpha = 2 = b \Rightarrow b = 2$
$\therefore x^3 + ax - 2 = 0$ 의한 근이 -2
$\Rightarrow -8 - 2a - 2 = 0$ 에서 $a = -5$
$\therefore a+b = -3$

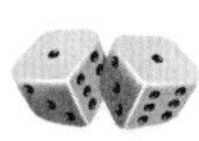 **핵심예제 07**

정답 ②

풀이

$x^3 = 1$ 의 한 허근을 ω 라 하면
$w^3 = 1$, $w^2 + w + 1 = 0$ 이므로
$w^{40} = w$, $w^{20} = w^2$
$\therefore \omega^{40} + \omega^{20} + 1 = w + w^2 + 1 = 0$

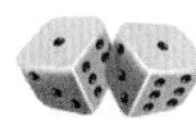 **핵심예제 08**

정답 ③

풀이

$x^2 + x + 1 = 0$ 의 한 근을 ω 라 하면

$w^2 + w + 1 = 0$
$\Rightarrow w^3 = 1 \Rightarrow w^{100} = w$, $w^{101} = w^2$ 이고,
분모+분자 $= 0$ 이면 그 분수의 값은 -1 이므로
$$\frac{\omega^{101}}{1+\omega^{100}} + \frac{\omega^{100}}{1+\omega^{101}} = \frac{w^2}{1+w} + \frac{w}{1+w^2} = -2$$

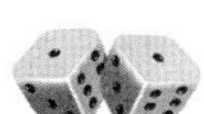 **핵심예제 09**

정답 ②

풀이

방정식 $x^2 + x + 1 = 0$ 의 한 근을 ω 라 하면 $w^2 + w + 1 = 0$ 이므로 ω 에 붙은 지수가 연속적인 세 개항의 합은 0 이다.
$1 + \omega + \omega^2 + \omega^3 + \cdots + \omega^{33}$
$= 1 + (\omega + \omega^2 + \omega^3 + \cdots + \omega^{33}) = 1$

핵심예제 10

정답 ②

풀이

방정식 $x^2 + x + 1 = 0$ 의 한 근이 ω 이면
$w^2 + w + 1 = 0$
$\Rightarrow w^3 = 1 \Rightarrow w^8 = w^2$, $\dfrac{1}{w^2} = w$ 이므로
$\omega^8 + \dfrac{1}{\omega^2} = w^2 + w = -1$

핵심예제 11

정답 ③

풀이

방정식 $x^3 + 1 = 0$ 의 한 허근을 ω 라 하면,
$x^3 + 1 = 0$
$\Rightarrow x^3 + 1 = (x+1)(x^2 - x + 1) = 0$ 이므로
$w^2 - w + 1 = 0$ 이고 $w^3 = -1$ 이므로
$w^6 = 1 \Rightarrow w^{40} = w^4 = -w$, $w^{20} = w^2$
$\therefore \omega^{40} + \omega^{20} + 1 = -\omega + \omega^2 + 1 = 0$

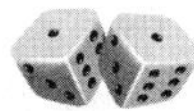 **핵심예제 12**

정답 ④

풀이

방정식 $x^2 - x + 1 = 0$ 의 한 근을 α 라고 하면
$\alpha^2 - \alpha + 1 = 0$ 이고
$\alpha^3 + 1 = (\alpha + 1)(\alpha^2 - \alpha + 1) = 0$
$\Rightarrow \alpha^3 + 1 = 0$
$\therefore \alpha^3 = -1$
$\therefore 1 + (\alpha + \alpha^2 + \cdots + \alpha^{90}) = 1$

Lec.10

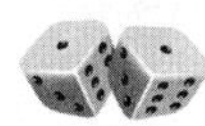 **핵심예제 01**

정답 ①

풀이

연립방정식 $\begin{cases} x^2 + y^2 = 5 \\ x + y = 1 \end{cases}$ 의 근을
$x = \alpha,\ y = \beta$ 라 하면,
$\alpha^2 + \beta^2 = 5,\ \alpha + \beta = 1$ 이므로
$(\alpha + \beta)^2 = \alpha^2 + 2\alpha\beta + \beta^2 \Rightarrow 1 = 5 + 2\alpha\beta$
$\therefore \alpha\beta = -2$

 **핵심예제 02**

정답 ③

풀이

연립방정식 $\begin{cases} x - y = 1 \\ x^2 + y^2 = 25 \end{cases}$ 의 해를
$x = \alpha,\ y = \beta$ 라 하면,
$\alpha - \beta = 1,\ \alpha^2 + \beta^2 = 25$ 이므로
$(\alpha - \beta)^2 = \alpha^2 - 2\alpha\beta + \beta^2 \Rightarrow 1 = 25 - 2\alpha\beta$
$\therefore \alpha\beta = 12$

 **핵심예제 03**

정답 ④

풀이

연립방정식 $\begin{cases} x - y = 3 \\ x^2 - y^2 = 15 \end{cases}$ 의 해를
$x = \alpha,\ y = \beta$ 라 할 때,
$\alpha - \beta = 3,\ \alpha^2 - \beta^2 = 15$ 이므로
$\alpha^2 - \beta^2 = (\alpha - \beta)(\alpha + \beta)$
$\Rightarrow 15 = 3(\alpha + \beta) \Rightarrow \alpha + \beta = 5$
$\begin{cases} \alpha - \beta = 3 \\ \alpha + \beta = 5 \end{cases}$ 를 연립하여 풀면,
$\alpha = 4,\ \beta = 1$
$\therefore \alpha\beta = 4$

 **핵심예제 04**

정답 ④

풀이

$\begin{cases} x + y = 7 \\ y + z = 8 \\ z + x = 9 \end{cases}$ 을 변변 더하면
$2(x + y + z) = 24 \Rightarrow x + y + z = 12$
이 식에 각각을 대입하면
$x + y = 7 \Rightarrow z = 5,$
$y + z = 8 \Rightarrow x = 4,$
$z + x = 9 \Rightarrow y = 3$
$\therefore xyz = 60$

핵심예제 05

정답 ④

풀이

$\begin{cases} \dfrac{1}{x} + \dfrac{1}{y} = 2 \\[2mm] \dfrac{1}{y} + \dfrac{1}{z} = 1 \\[2mm] \dfrac{1}{z} + \dfrac{1}{x} = -7 \end{cases}$ 을 변변 더하면

$$2\left(\frac{1}{x}+\frac{1}{y}+\frac{1}{z}\right)=-4 \Rightarrow \frac{1}{x}+\frac{1}{y}+\frac{1}{z}=-2$$

이 식에 각각을 대입하면

$$\frac{1}{x}+\frac{1}{y}=2 \Rightarrow \frac{1}{z}=-4 \ ,$$

$$\frac{1}{y}+\frac{1}{z}=1 \Rightarrow \frac{1}{x}=-3 \ ,$$

$$\frac{1}{z}+\frac{1}{x}=-7 \Rightarrow \frac{1}{y}=5$$

$$\therefore \ \frac{1}{xyz}=60 \Rightarrow xyz=\frac{1}{60}$$

Lec.11

 **핵심예제 01**

정답 ④

풀이

임의의 실수 x 에 대하여
부등식 $(p-12)x+q-9>0$ 이 성립하려면
$p-12=0,\ q-9>0$
$\therefore p=12,\ q>9$

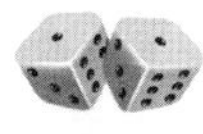 **핵심예제 02**

정답 ④

풀이

$|x-3|<2 \Rightarrow -2<x-3<2$
$\therefore 1<x<5$

 **핵심예제 03**

정답 ③

풀이

$|x-1|>3 \Rightarrow x-1<-3,\ x-1>3$
$\Rightarrow x<-2,\ x>4$
$\therefore \alpha=-2,\ \beta=4 \Rightarrow \beta-\alpha=6$

 **핵심예제 04**

정답 ⑤

풀이

$|x-2|=3 \Rightarrow x-2=\pm3$
$\therefore x=5,-1$ 구하는 x 값들의 합은 4

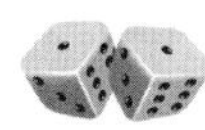 **핵심예제 05**

정답 ③

풀이

$\sqrt{(x-1)^2}=|5-x|$ 의 양변을 제곱하면
$(x-1)^2=(5-x)^2 \Rightarrow x=3$

 **핵심예제 06**

정답 ③

풀이

$x>4,\ |x-2|+|x-4|=10 \Rightarrow 2x-6=10$
$\therefore x=8$
$2\leq x<4,\ |x-2|+|x-4|=10 \Rightarrow 2=10$ 은
성립하지 않음
$x<2,\ |x-2|+|x-4|=10 \Rightarrow -2x+6=10$
$\therefore x=-2$
따라서 두 근의 합은 $8-2=6$

 **핵심예제 07**

정답 ③

풀이

이차부등식 $2x^2-6x+1\leq0$ 의 해가
$\alpha\leq x\leq\beta$ 이므로
$\alpha,\ \beta$ 는 $2x^2-6x+1=0$ 의 두 근이다.
$\therefore \alpha+\beta=3$

 **핵심예제 08**

정답 ①

이차부등식 $x^2 + 2x - 4 < 0$의 해가
$\alpha < x < \beta$ 이면
α, β는 $x^2 + 2x - 4 = 0$ 의 두 근이므로
$\alpha + \beta = -2, \ \alpha\beta = -4$

$$\therefore \frac{\beta}{\alpha} + \frac{\alpha}{\beta} = \frac{\alpha^2 + \beta^2}{\alpha\beta}$$

$$= \frac{(\alpha + \beta)^2 - 2\alpha\beta}{\alpha\beta} = \frac{4 + 8}{-4} = -3$$

 **핵심예제 09**

정답 ①

풀이

이차부등식 $x^2 + px + q < 0$의 해가
$-2 < x < 3$이면
-2와 3은 $x^2 + px + q = 0$ 의 두 근이므로
두 근의 합 $1 = -p$, 두 근의 곱 $-6 = q$
$\therefore p = -1, \ q = -6 \ \Rightarrow \ p + q = -7$

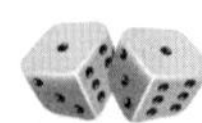 **핵심예제 10**

정답 ③

풀이

$x^2 - 4x - 5 < 0$
$\Rightarrow (x-5)(x+1) < 0 \ \Rightarrow \ -1 < x < 5$
$x + a < 0 \ \Rightarrow \ x < -a$
따라서, $A \cap B \neq \phi$ 이 되려면 $-a > -1$
$\therefore a < 1$

➜ 수직선에 해를 직접 표시하면서 생각해 보자.

 **핵심예제 11**

정답 ①

풀이

$x^2 - 6x + 8 \leq 0$
$\Rightarrow (x-4)(x-2) \leq 0 \ \Rightarrow \ 2 \leq x \leq 4$이므로
$A \cap B = \phi, \quad A \cup B = \{ x \mid -1 < x \leq 4 \}$ 를

동시에 만족시키려면 $x^2 + ax + b < 0$의 해는
$-1 < x < 2$이 되어야 한다.
$x^2 + ax + b = 0$의 두 근이 -1과 2이므로
근과 계수와의 관계에 의해
$1 = -a, \ -2 = b$
$\therefore a = -1, \ b = -2 \ \Rightarrow \ a + b = -3$

 **핵심예제 12**

정답 ③

풀이

$x^2 - 5x + 6 > 0$
$\Rightarrow (x-2)(x-3) > 0 \ \Rightarrow \ x < 2, \ x > 3$
$A \cup B = \{ x \mid x는 \ 실수 \},$
$A \cap B = \{ x \mid 3 < x \leq 5 \}$ 이려면
$x^2 + ax + b \leq 0$ 의 해는 $2 \leq x \leq 5$가 되어야 한다. 2와 5는 $x^2 + ax + b = 0$ 의 두 근이므로
근과 계수와의 관계에 의해
$a = -7, \ b = 10$
$\therefore a + b = 3$

Lec.12

핵심예제 01

정답 ④

풀이

두 점 $A(1, 1)$, $B(3, 5)$에서 같은 거리에 있는 x축 위의 점을 $P(a, 0)$라고 하면
$\overline{PA} = \overline{PB} \ \Rightarrow \ \overline{PA}^2 = \overline{PB}^2$ 이므로
$(a-1)^2 + 1 = (a-3)^2 + 25$
$\therefore a = 8$

 **핵심예제 02**

정답 ③

풀이

$A(6, -1)$ 와 $B(3, 2)$ 를 연결한 선분 AB 를 $2:1$ 로 내분하는 점을 C, $2:1$ 로 외분하는 점을 D 라 하면

$$C\left(\frac{2\times3+1\times6}{2+1},\ \frac{2\times2+1\times(-1)}{2+1}\right),$$

$$D\left(\frac{2\times3-1\times6}{2-1},\ \frac{2\times2-1\times(-1)}{2-1}\right)에서$$

$C(4, 1)$, $D(0, 5)$

$\therefore \overline{CD} = \sqrt{4^2+4^2} = 4\sqrt{2}$

 **핵심예제 03**

정답 ⑤

풀이

$A(-6, 7)$ 와 $B(4, 2)$ 를 연결한 선분 AB 를 $3:2$ 로 내분하는 점을 P, $3:2$ 로 외분하는 점을 Q 라 하면

$$P\left(\frac{3\times4+2\times(-6)}{3+2},\ \frac{3\times2+2\times7}{3+2}\right),$$

$$Q\left(\frac{3\times4-2\times(-6)}{3-2},\ \frac{3\times2-2\times7}{3-2}\right)에서$$

$P(0, 4)$, $Q(24, -8)$ 이므로

선분 $\overline{PQ}$ 의 중점의 좌표는 $(12, -2)$

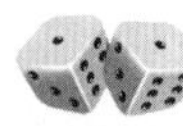 **핵심예제 04**

정답 ③

풀이

점 C 의 좌표를 (a, b) 로 놓으면,

세 점의 x 좌표의 합 $a+1=6$

$\Rightarrow a=5$

세 점의 y 좌표의 합 $b+2=2$

$\Rightarrow b=0$

$\therefore C(a, b) = (5, 0)$

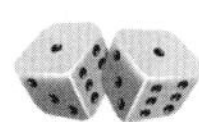 **핵심예제 05**

정답 ④

풀이

세 점 $A(-1, 3)$, $B(m, 1)$, $C(5, n)$ 을 꼭짓점으로 하는 삼각형 ABC 의 무게중심의 좌표가 $\left(\dfrac{2}{3}, 3\right)$ 이면,

세 점의 x 좌표의 합 $m+4=2 \Rightarrow m=-2$

세 점의 y 좌표의 합 $n+4=9 \Rightarrow n=5$

$\therefore m+n=3$

핵심예제 06

정답 ③

풀이

삼각형 ABC 의 무게중심의 좌표는 삼각형 PQR 의 무게중심의 좌표와 같다.

$$\Rightarrow \left(\frac{-3+4+2}{3},\ \frac{2+2+8}{3}\right) = (1, 4)$$

Lec.13

핵심예제 01

정답 ②

풀이

세 점이 같은 직선 위에 있으면 세 점 중 임의의 두 점을 지나는 직선끼리 기울기가 같으므로

두 점 $A(1, 3)$, $B(3, a)$ 를 지나는 직선의 기울기 $\dfrac{a-3}{2}$ 과 두 점 $A(1, 3)$, $C(3-2a, 4)$ 를 지나는 직선의 기울기 $\dfrac{1}{2-2a}$ 도 같다.

$$\frac{a-3}{2} = \frac{1}{2-2a}$$

$\Rightarrow (a-3)(2-2a) = 2$

$\Rightarrow 2a^2 - 8a + 8 = 0$

$\Rightarrow a^2 - 4a + 4 = 0 \Rightarrow (a-2)^2 = 0$

$\therefore a = 2$

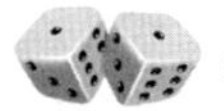 **핵심예제 02**

정답 ④

풀이

두 직선 $x+ay+1=0$, $ax+4y-2=0$ 이 평행
→ 두 직선은 기울기는 같고 y절편은 다르므로
$\dfrac{1}{a}=\dfrac{a}{4}\neq\dfrac{-1}{2}$ 가 성립

$\dfrac{1}{a}=\dfrac{a}{4}\Rightarrow a^2=4\Rightarrow a=\pm 2$

이 때, $a=-2$이면 조건 $\dfrac{a}{4}\neq\dfrac{-1}{2}$ 에 어긋난다.

$\therefore a=2$

 **핵심예제 03**

정답 ③

풀이

두 점 $A(-1,\ 4)$, $B(5,\ 2)$ 를 잇는 직선의 기울
기는 $-\dfrac{1}{3}$ 이고 선분 $\overline{AB}$ 의 중점은 $(2,\ 3)$이므로
선분 $\overline{AB}$ 의 수직이등분선은 기울기가 3이고
$(2,\ 3)$을 지나는 직선이다
$\Rightarrow y=3x-3$
이 때, 이 직선이 점 $(a,\ b)$를 지나므로
$\Rightarrow b=3a-3$
$\therefore 3a-b=3$

 **핵심예제 04**

정답 ①

풀이

두 직선 $ax+ay+1=0$, $4x+ay-1=0$ 이
수직이므로 $4a+a^2=0\Rightarrow a(a+4)=0$
$\therefore a=-4\ (\because a\neq 0)$

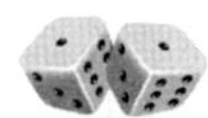 **핵심예제 05**

정답 ③

풀이

$ax+4y=4a\ (a>0)$ 의 x절편은 4, y 절편은
a이므로 이 직선과 x 축, y 축으로 둘러싸인 도형
의 넓이가 6이면
$\dfrac{1}{2}\times 4\times a=6$

$\therefore a=3$

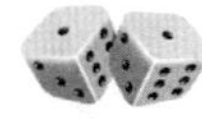 **핵심예제 06**

정답 ②

풀이

직선 $ax+by+c=0$의

기울기 $-\dfrac{a}{b}<0\ (\because ab>0)$,

y절편 $-\dfrac{c}{b}>0\ (\because bc<0)$ 이므로

제 $1,\ 2,\ 4$사분면을 지난다.

 **핵심예제 07**

정답 ③

풀이

직선 $kx-4y-2k+4=0$은 k 값에 관계없이
항상 점 $(a,\ b)$를 지나므로
$\Rightarrow (x-2)k+(4-4y)=0$ 에서
$x-2=0,\ 4-4y=0\Rightarrow x=2,\ y=1$
즉, 이 직선이 k값에 관계없이 항상 지나는
점 $(a,\ b)=(2,\ 1)$
$\therefore a+b=3$

핵심예제 08

정답 ②

풀이

두 직선 $3x+2y+4=0$과 $2x-y+4=0$의 교
점과 원점을 지나는 직선의 방정식을
$(3x+2y+4)k+(2x-y+4)=0$(단, k는 실
수)라 놓으면 이 직선은 원점을 지나므로 $x=0$,

$y = 0$을 대입

$\Rightarrow 4k + 4 = 0 \Rightarrow k = -1$이므로

$-(3x + 2y + 4) + (2x - y + 4) = 0$

$\Rightarrow -x - 3y = 0$

$\therefore x + 3y = 0$

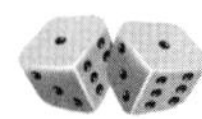 **핵심예제 09**

정답 ②

풀이

원점과 직선 $ax - y - 5 = 0$ 사이의 거리가 $\sqrt{5}$

이므로 $\dfrac{|-5|}{\sqrt{a^2 + 1}} = \sqrt{5}$

$\Rightarrow \sqrt{a^2 + 1} = \sqrt{5} \Rightarrow a^2 = 4$

$\therefore a = 2 \ (\because a > 0)$

 **핵심예제 10**

정답 ②

풀이

점 $(1, \ 2)$를 지나는 직선의 방정식은

$(x - 1)k + (y - 2) = 0$(단, k는 실수)

$\therefore$ 직선 $kx + y - k - 2 = 0$은

원점으로부터 거리가 1이므로

$\dfrac{|-k-2|}{\sqrt{k^2 + 1}} = 1$

$\Rightarrow (k + 2)^2 = k^2 + 1 \Rightarrow k = -\dfrac{3}{4}$

$\therefore -\dfrac{3}{4}x + y + \dfrac{3}{4} - 2 = 0$

$\Rightarrow 3x - 4y + 5 = 0$

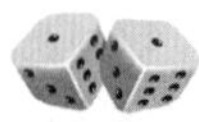 **핵심예제 11**

정답 ②

풀이

$\dfrac{|7 - (-3)|}{\sqrt{3^2 + (-4)^2}} = \dfrac{10}{5} = 2$

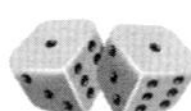 **핵심예제 12**

정답 ③

풀이

$\overline{PA}^2 + 2\overline{PB}^2 = k\overline{PC}^2$을 만족하는

점 P의 자취가 직선이 되려면

$\overline{PA}^2 + 2\overline{PB}^2 = k\overline{PC}^2$는 $x, \ y$에 관한 일차

식이 되어야 한다.

$\therefore k = 3$

Lec.14

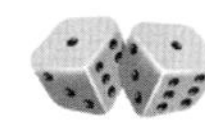 **핵심예제 01**

정답 ②

풀이

두 점 $A(-1, \ -3)$, $B(5, \ 1)$을 지름의 양

끝으로 하는 원의 중심은 두 점 $A, \ B$의 중점

$(2, \ -1)$이고 반지름의 길이는 $(2, \ -1)$과 점

A 또는 점 B 사이의 거리이므로 $\sqrt{13}$이다.

$\therefore (x - 2)^2 + (y + 1)^2 = 13$

 **핵심예제 02**

정답 ②

풀이

x축에 접하므로 원의 반지름의 길이는 중심의

y좌표의 절댓값 : $|-3| = 3$

$\therefore (x - 2)^2 + (y + 3)^2 = 9$

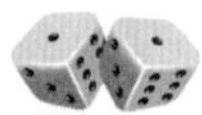 **핵심예제 03**

정답 ④

풀이

원 $x^2 + y^2 - 2x + 4y + 2 = 0$의 중심의 좌표는

일차항의 계수의 부호 바꾸고 2로 나눈 $(1,$

$-2)$, $r^2 = 1^2 + (-2)^2 - 2 = 3$

$\Rightarrow r = \sqrt{3} \ (\because r > 0)$

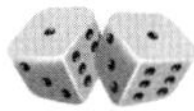 **핵심예제 04**

정답 ④

풀이

$x^2 + y^2 + 2x - 4y + k = 0$ 이 원을 나타내려면
반지름 $r^2 > 0$,

이 원의 중심의 좌표는 $(-1, \ 2)$ 이므로

$\Rightarrow r^2 = 5 - k \Rightarrow 5 - k > 0 \quad \therefore \ k < 5$

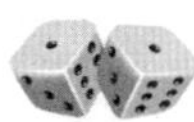 **핵심예제 05**

정답 ④

풀이

원 $x^2 + y^2 - 4x + 6y = 0$ 과 같은 중심을 가지
므로 중심은 $(2, \ -3)$ 이다.

x 축에 접하므로 원의 반지름의 길이는 중심의
y 좌표의 절댓값 $|-3| = 3$ 과 같다.

$\therefore \ (2, \ -3), \ 3$

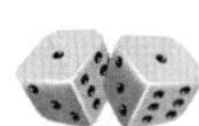 **핵심예제 06**

정답 ④

풀이

중심과 접선사이의 거리가 반지름의 길이와 같

으므로 $\dfrac{|-10|}{\sqrt{3^2 + (-4)^2}} = \dfrac{10}{5} = 2 \Rightarrow r = 2$

따라서, 구하는 원의 넓이는 4π

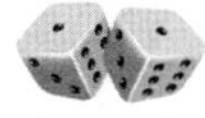 **핵심예제 07**

정답 ④

풀이

두 원

$x^2 + y^2 - 5 = 0, \ x^2 + y^2 - 4x - 2y + 4 = 0$ 의

교점을 지나는 직선의 방정식은 두 원의 방정식
으로부터 이차항을 소거하면 된다.

$x^2 + y^2 - 5 - (x^2 + y^2 - 4x - 2y + 4) = 0$

$\Rightarrow 4x + 2y - 9 = 0$

 **핵심예제 08**

정답 ③

풀이

두 원 $x^2 + y^2 = 4, \ x^2 + y^2 - 4x - 4y = 0$ 의
두 교점을 지나는 직선의 방정식은

$(x^2 + y^2 - 5) - (x^2 + y^2 - 4x - 2y + 4) = 0$ 에

서 $\Rightarrow 4x + 4y - 4 = 0 \Rightarrow x + y - 1 = 0$

이 때, 원 $x^2 + y^2 = 4$ 의 반지름은 2,

이 원의 중심 $(0, \ 0)$ 과 직선 $x + y - 1 = 0$

사이의 거리는 $\dfrac{1}{\sqrt{2}}$

공통현의 길이를 a 라 하면,
피타고라스의 정리에 의해

$\dfrac{1}{2} a = \sqrt{4 - \dfrac{1}{2}} = \dfrac{\sqrt{14}}{2}$

$\therefore$ 공통현의 길이 $a = \sqrt{14}$

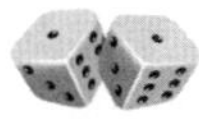 **핵심예제 09**

정답 ④

풀이

직선 $x + y + k = 0$ 과 원 $x^2 + y^2 = 4$ 의 중심
사이의 거리가 반지름의 길이보다 작거나 같으

면 되므로 $\dfrac{|k|}{\sqrt{2}} \leq 2 \Rightarrow |k| \leq 2\sqrt{2}$

$\therefore \ -2\sqrt{2} \leq k \leq 2\sqrt{2}$

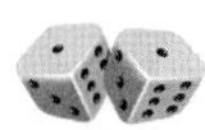 **핵심예제 10**

정답 ③

풀이

원 $(x + 1)^2 + (y - 2)^2 = 1$ 의 중심 $(-1, \ 2)$ 과

직선 $4x + 3y + a = 0$ 사이의 거리가 반지름의 길이와 같아야 하므로

$$\Rightarrow \frac{|-4 + 6 + a|}{\sqrt{4^2 + 3^2}} = 1 \Rightarrow \frac{|a+2|}{5} = 1$$

$$\Rightarrow a + 2 = \pm 5$$

$$\therefore a = 3\,(\because a > 0)$$

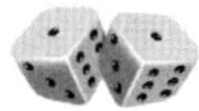 **핵심예제 11**

정답 ④

풀이

원 $x^2 + y^2 = 5$ 의 중심과 직선 $2x - y - 9 = 0$ 사이의 거리를 d 라고 하면,
원과 직선과의 최단거리는 $d - r$ 이므로

$$\frac{|-9|}{\sqrt{2^2 + (-1)^2}} - \sqrt{5}$$

$$= \frac{9}{\sqrt{5}} - \sqrt{5}$$

$$= \frac{9\sqrt{5} - 5\sqrt{5}}{5} = \frac{4\sqrt{5}}{5}$$

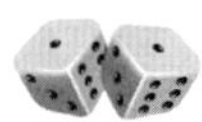 **핵심예제 12**

정답 ④

풀이

원 $x^2 + y^2 - 6x - 8y + 21 = 0$ 의
중심이 $(3,\ 4)$ 이므로
$r^2 = 3^2 + 4^2 - 21 \Rightarrow r^2 = 4 \Rightarrow r = 2\ (\because r > 0)$
이 원의 중심과 직선 $x + y + 1 = 0$ 사이의 거리를 d 라고 하면 이 원과 직선과의 거리의 최댓값은 $d + r$ 이므로

$$\frac{|3 + 4 + 1|}{\sqrt{1^2 + 1^2}} + 2 = \frac{8}{\sqrt{2}} + 2 = 4\sqrt{2} + 2$$

$$\therefore \text{거리의 최댓값} = 4\sqrt{2} + 2$$

 **핵심예제 13**

정답 ②

풀이

원의 방정식에서 x^2 은 $x \times x$, y^2 은 $y \times y$ 로 바꾼 다음, x 하나에 3, y 하나에 -4 를 대입한다.

$$\Rightarrow 3x - 4y - 25 = 0$$

 **핵심예제 14**

정답 ③

풀이

$$(x-1)^2 + (y+2)^2 = 10$$

$$\Rightarrow (x-1)(x-1) + (y+2)(y+2) = 10$$

위의 점 $(2, 1)$ 에서 그은 접선의 방정식은
$$(2-1)(x-1) + (1+2)(y+2) = 10$$

$$\Rightarrow x + 3y - 5 = 0$$

 **핵심예제 15**

정답 ①

풀이

직선 $2x + y = 3$ 에 평행한 직선의 방정식의 기울기는 -2 이다. 원 $x^2 + y^2 = 4$ 에 접하고, 기울기가 -2 인 직선의 방정식은

$$y = mx \pm r\sqrt{1 + m^2}$$

$$\Rightarrow y = -2x \pm 2\sqrt{5}$$

 **핵심예제 16**

정답 ④

풀이

x 축의 양의 방향과 60° 의 각을 이루는 직선의 기울기는 $\tan 60^\circ = \sqrt{3}$ 이므로
원 $x^2 + y^2 = 1$ 에 접하고 기울기가 $\sqrt{3}$ 인 직선의 방정식은 $y = \sqrt{3}\,x \pm 2$

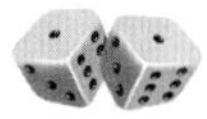 **핵심예제 17**

정답 ②

$x^2 + y^2 - 4x + 6y + 1$ 에 $(2, 3)$ 을 대입한 다음,

$\sqrt{}$ 를 씌우면

$\Rightarrow \sqrt{4 + 9 - 8 + 18 + 1} = 2\sqrt{6}$

 **핵심예제 18**

정답 ④

풀이

두 정점 $A(1, 0)$, $B(4, 0)$ 으로부터의 거리의 비가 $2 : 1$ 이 되게 움직이는 점 P 의 자취는 두 점 A, B 를 $2 : 1$ 로 내분하는 점과 외분하는 점 $(3, 0)$, $(7, 0)$ 을 지름의 양 끝점으로 하는 원이다.

중심은 두 점 $(3, 0)$, $(7, 0)$ 의 중점 $(5, 0)$, 반지름의 길이는 2

$\therefore (x - 5)^2 + y^2 = 4$

Lec.15

 **핵심예제 01**

정답 ①

풀이

x 축으로 1 만큼, y 축으로 -3 만큼 평행이동하므로 $(-1, 3) \rightarrow (0, 0)$

$\therefore a + b = 0$

 **핵심예제 02**

정답 ①

풀이

x 축으로 p 만큼, y 축으로 $-2p$ 만큼 평행이동하므로 $y = 2x - 5 \Rightarrow y + 2p = 2(x - p) - 5$

$\Rightarrow y = 2x - 4p - 5$ 에서 $-4p - 5 = 3$

$\therefore p = -2$

 **핵심예제 03**

정답 ③

풀이

원 $(x + 2)^2 + (y + 1)^2 = 1$ 을 평행이동 $f : (x, y) \rightarrow (x + 1, y + 4)$ 에 의하여 이동하면 이 원의 중심도 같은 평행이동에 의해 이동되어 $(-2, -1) \rightarrow (-1, 3)$ 이 되고, 반지름은 평행이동을 해도 변하지 않는다.

$\therefore (x + 1)^2 + (y - 3)^2 = 1$

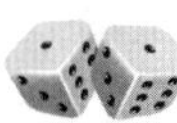 **핵심예제 04**

정답 ②

풀이

직선 $y = -x + 2$ 와 x 축에 대하여 대칭인 직선 $y = x - 2$ 에 수직이므로 기울기는 -1, 지나는 점이 $(-1, 2)$ 이므로 구하는 직선의 방정식은

$y = -x + 1 \Rightarrow x + y - 1 = 0$

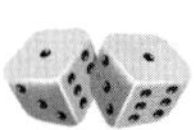 **핵심예제 05**

정답 ①

풀이

점 $(-1, 2)$ 를 y 축에 대하여 대칭이동 시킨 후에 다시 원점에 대하여 대칭이동 시킨 결과는 결국 점 $(-1, 2)$ 를 x 축에 대하여 대칭이동 시킨 것과 같다.

$(-1, 2) \rightarrow (-1, -2)$

이 점을 직선 $y = x$ 에 대하여 대칭이동 시키면

$(-1, -2) \rightarrow (-2, -1)$

$\therefore (-2, -1)$

 **핵심예제 06**

정답 ③

풀이

$(x - 2)^2 + (y + 1)^2 = 4$ 를 $y = x$ 에 대하여 대칭

이동한 원의 중심 $(-1,\ 2)$가 직선 $y = ax + 3$ 위에 있으므로 $2 = -a + 3$

$\therefore\ a = 1$

 **핵심예제 01**

정답 ②

풀이

점 $(k,\ 6)$이 포물선 $y = x^2 + 2x + 3$의 위쪽 부분에 있으면 점 $(k,\ 6)$는 $y > x^2 + 2x + 3$을 만족하므로

$6 > k^2 + 2k + 3$

$\Rightarrow k^2 + 2k - 3 < 0$

$\Rightarrow (k+3)(k-1) < 0$

$\therefore\ -3 < k < 1$

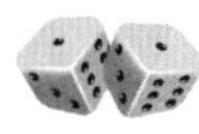 **핵심예제 02**

정답 ④

풀이

원 $x^2 + y^2 = 1$과 직선 $x + y - a = 0$이 접할 때 원과 직선 사이의 거리가 원의 반지름의 길이와 같으므로 $\dfrac{|a|}{\sqrt{2}} = 1 \Rightarrow |a| = \sqrt{2}$ 이다.

$x^2 + y^2 \leq 1$일 때 $x + y \leq a$가 성립하려면 직선 $x + y - a = 0$은 제 1사분면에서

원 $x^2 + y^2 = 1$과 접하거나 원 위쪽에 있어야 하므로 $a \geq \sqrt{2}$

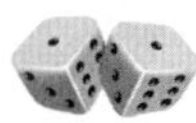 **핵심예제 03**

정답 ②

풀이

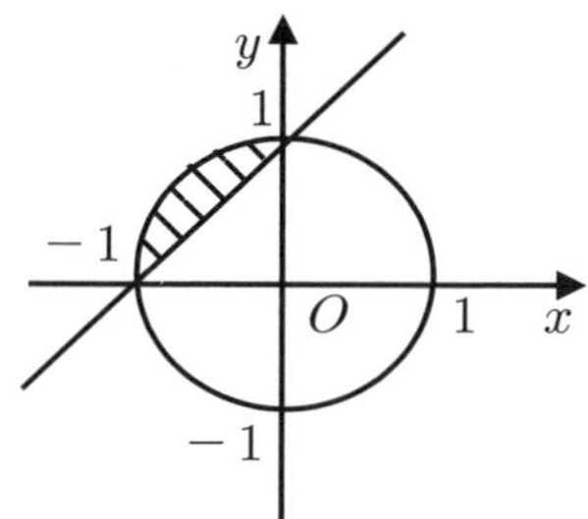

빗금 친 부분을 나타내는 영역은

원 $x^2 + y^2 = 1$의 내부와 직선 $y = x + 1$ 위쪽의 공통부분이므로 $\begin{cases} x - y + 1 < 0 \\ x^2 + y^2 < 1 \end{cases}$

(경계는 제외하므로 등호는 불포함)

 **핵심예제 04**

정답 ②

풀이

$x^2 + y^2 - 2x - 4y - 4 = 0$ 은 중심의 좌표가 $(1,\ 2)$이고 $r^2 = 1^2 + 2^2 - (-4) = 9$인 원이다. 직선 $y = x + 1$이 원의 중심 $(1,\ 2)$를 지나므로

연립부등식 $\begin{cases} x^2 + y^2 - 2x - 4y - 4 \leq 0 \\ y > x + 1 \end{cases}$ 이 나타내는 영역 (원의 내부와 직선의 위쪽)의 넓이는 주어진 원의 반원의 넓이와 같다.

$\therefore\ \dfrac{9}{2}\pi$

핵심예제 05

정답 ③

풀이

$x \geq 0,\ y \geq 0,\ x + y \leq 3,\ 2x + y \leq 4$일 때, $3x + 2y = k$라고 하면, (단, k는 실수)

k는 두 직선 $x + y = 3$, $2x + y = 4$의 교점 $(1,\ 2)$를 지날 때 최댓값을 갖는다.

$\therefore\ 3x + 2y$의 최댓값 $= 7$

 **핵심예제 06**

풀이

제품 A 의 개수를 x, 제품 B 의 개수를 y 라 하면
$x \geq 0, \ y \geq 0,$
$2x + 6y \leq 200, \ 4x + 2y \leq 100$ 을 만족한다.
($\because$ 원료 P 는 하루 200 톤, 원료 Q 는 하루
100 톤까지 사용할 수 있으므로)
이 때, 최대 이익은 $30x + 20y$ 의 최댓값과 같
고, $30x + 20y = k$ 로 놓으면 k 는 두 직선
$2x + 6y = 200, \ 4x + 2y = 100$ 의 교점 $(10,\ 30)$
을 지날 때 최댓값을 가지므로
$\quad 300 + 600 = 900$
$\therefore$ 최대이익 $= 900$ 만원

 **memo**

 **memo**

iBS 교육방송 수학 1 (개정교육과정)

초판인쇄일 ┃ 2014년 1월 20일
1쇄발행일 ┃ 2014년 1월 25일

지 은 이 ┃ 김선아
펴 낸 이 ┃ 이용배
책임감수 ┃ IPTV교육방송 편성위원장(김성태)
감   수 ┃ 이경우, 김서진, 김진호, 김현진,
　　　　　　　박은하, 박황민, 신은정, 이기홍,
　　　　　　　이원광, 이정봉, 이종석, 이종헌,
　　　　　　　정진경, 조동영

펴 낸 곳 ┃ IPTV교육방송(강남스터디)
디 자 인 ┃ 박수정, 김화현
제   작 ┃ 송재호
홍   보 ┃ 권재흥
문   의 ┃ http://iptvstudy.co.kr(IPTV교육방송)
상   담 ┃ 강남스터디 02) 515-0058

총   판 ┃ 가나북스 www.gnbooks.co.kr
전   화 ┃ 031) 408-8811(代)
팩   스 ┃ 031) 501-8811